なぜ少子化は止められないのか

藤波匠

日経プレミアシリーズ

はじめに

少子化に歯止めがかかりません。2022年の出生数は、初めて80万人を割り込みました。80万人という数字に注目が集まり、にわかに少子化問題が政治の中心的な話題となっています。ただ、心理的な面から出生数が80万人を下回ったことに危機感を覚えがちですが、その数値に特段重要な意味はありません。

注目すべきは、その減少のペースです。2000年から2015年までは、少子化といわれながらも、減少のスピードは年率で1%程度に過ぎず、比較的緩やかなものでした。それが、2016年以降急加速を始め、年率3・7%程度となっています。

いいかえると、日本の出生数は、2000年から15年かけて20万人減少し100万人となっていたのですが、それ以降はわずか7年で20万人以上減少してしまったのです。2016年以降の減少のスピード感がおわかりいただけるでしょう。

ちなみに、2022年に限れば、出生数の減少率は前年比5%と大きなものとなりました。これは、２０２０年に始まった新型コロナウイルスの感染拡大にともなう緊急事態宣言を背景とした婚姻数急減が、少なからず寄与したと考えられます。しかし、わが国における少子化のペースアップはすでに２０１６年ごろからみられており、決してコロナ禍による一時的な現象ではないことは明らかで、より根深い日本社会の構造問題に起因しているという理解が必要です。このままの減少率で推移すれば、数年で70万人を割り込み、その後はあっという間に60万人、50万人となってしまいます。

なぜ少子化は止められないのでしょうか。２０１０年代には、大都市を中心に待機児童が問題視され、少子化対策とともに女性の活躍支援などの一環として国は保育所の拡充に力を入れてきました。その結果、保育所の枠は確保され、待機児童問題はほぼ解決をみています。しかし、国が保育所の拡充に膨大な予算を投じ始めたのと時を同じくして、少子化が加速し始めました。

では、現在、国の存亡にかかわる少子化問題に対して、国会や地方自治体でさまざまな取り組みが検討されていますが、それらによって少子化を食い止めることができるのでしょうか。筆者には、とてもそうは思えません。

岸田文雄首相が「異次元の少子化対策」をぶち上げると、そのワーディングに批判が集まり、「育休中にリスキリング」といえば、全国からいっせいに「ふざけんな」の声が上がります。

児童手当の予算拡充とはいっても、経済成長率を上回る社会保障費の伸びが続くなか、大型予算はつけにくい状況です。そもそも、少子化対策という大きな目標は同じであるにもかかわらず、与野党の足並みはそろわず、具体的な政策に落とし込むことは難しい状況にあります。国のそうした事情を見透かすように、東京都では他地域に先んじて独自の手当の給付に踏み切るなど、少子化対策が政争の具となる様相をみせ始めています。

そもそも、児童手当などの現金給付を引き上げることが、少子化対策の最良の一手なのでしょうか。上げることが望ましいとは多くの人が考えており、筆者もその1人なのですが、では、いったいどこまで引き上げるべきなのでしょう。

つい10年前までは、現金給付は少子化対策としての効果が小さいという認識がありました。現在においても、研究者の間で、効果のあり・なしに対して定説はありません。

こうした混沌とした状況の中で、筆者は自ら少子化問題についてレポートを書くかたわら、さまざまな人と議論を重ね、自分なりの考え方を固めつつあります。

以下に続く各章では、なぜ少子化となるのか、少子化は何をもたらすのか、そして私たちは何をしなければならないのか、ということを、さまざまな立場の人たちとの対話形式で示していこうと思います。そして終章では、そこまでの各章で議論してきた少子化対策のあるべき姿や取りこぼしてきた課題を整理するとともに、私がたどり着いた思いなどを示しました。

本書が、少子化対策を企画・立案する政策当局者はもとより、子育て世帯の支援にかかわる方々、そして今後、結婚・出産期を迎える若年世代から、すでに社会保障の恩恵を受けている高齢者までのすべての国民に届くことを期待しています。

なお、本書は、さまざまな人たちとの少子化に関する実際の議論を通じて得られた示唆をもとに成り立っていることは間違いありませんが、本文に登場する人物や設定はすべて架空のものです。

2023年4月

藤波　匠

目次

第4章 2030年までが最後のチャンス

経済環境が出生率を左右する現実
人手不足なのに賃金が上がらないカラクリ
非正規や高齢労働者の増加も賃金を下押し
人口減で経済はどこまで縮むのか
保育所を充実させても少子化は止まらない
非正規の女性は結婚・出産の意欲が低い
相変わらず犠牲になる女性のキャリア
家事・育児負担の男女差はいまだに大きい
東京都5000円支給策の懸念
日本の構造問題にメスを入れる必要性

第　1　章

加速する少子化

某大学大学院、社会政策論の授業後の教室。教室に残った非常勤講師に、学生2人が少子化に関して質問をしている。非常勤講師は、日本総合研究所の上席主任研究員、藤波。学生は、育休中の34歳の女性（宮本）と、大学院生の23歳の男性（大森）。

わずか7年で20％以上減少した出生数

宮本　藤波さんは、今日の授業で、少子化がもたらす日本社会の行く末について、相当悲観的なイメージを持っているというようなことをおっしゃっていました。私は子どもを対象にした教育産業に勤めていますし、生まれたばかりのゼロ歳児を育てる母親でもあり、少子化問題や子育て環境について、思うところがあります。また、もう1人子どもを生むかどうか悩んでいるところです。お時間があれば、少子化の現状や課題について、もう少し詳しく教えていただけないでしょうか。

大森　私も参加させてください。私はまだ結婚もしていないのですが、社会政策を学ぶ学生として、少子化には強い関心があります。特に、最近の出生率の急低下は気になります。政府は、子育て支援政策を充実させ、予算を倍増させるなどといっていますが、世の中的には、もう手遅れといった声が強いようです。ただ、人口減少のスピードを少しでも緩やかにしていくことは、国の安定や経済成長などの面から考えても重要なことではないでしょうか。

藤波　もちろんかまいませんよ。この後はもう予定がないので、先日書いたレポートのデータなどを使いながら、私の知見の範囲でお話ししましょう。あと、お２人とも、まさに結婚・出産の年齢に該当していますから、逆に私のほうがいろいろとお話を聞きたいくらいです。

まだパソコンがモニターにつないでありますから、せっかくなので、図を見ながら話しましょう。まず見てもらいたいのが、図表１－１と図表１－２です。図表１－１は長期の出生数と合計特殊出生率（女性１人が生涯に生む子どもの数）の推移を示したものです。１９７０年代前半の団塊ジュニア世代が生まれたころに比べて、最近は出生数が半分以下になっていることがわかりますよね。

図表１－２は、２０００年以降の出生数に注目したものですが、実績値とともに、２０１５

図表1-1　出生数と合計特殊出生率の推移（日本人）

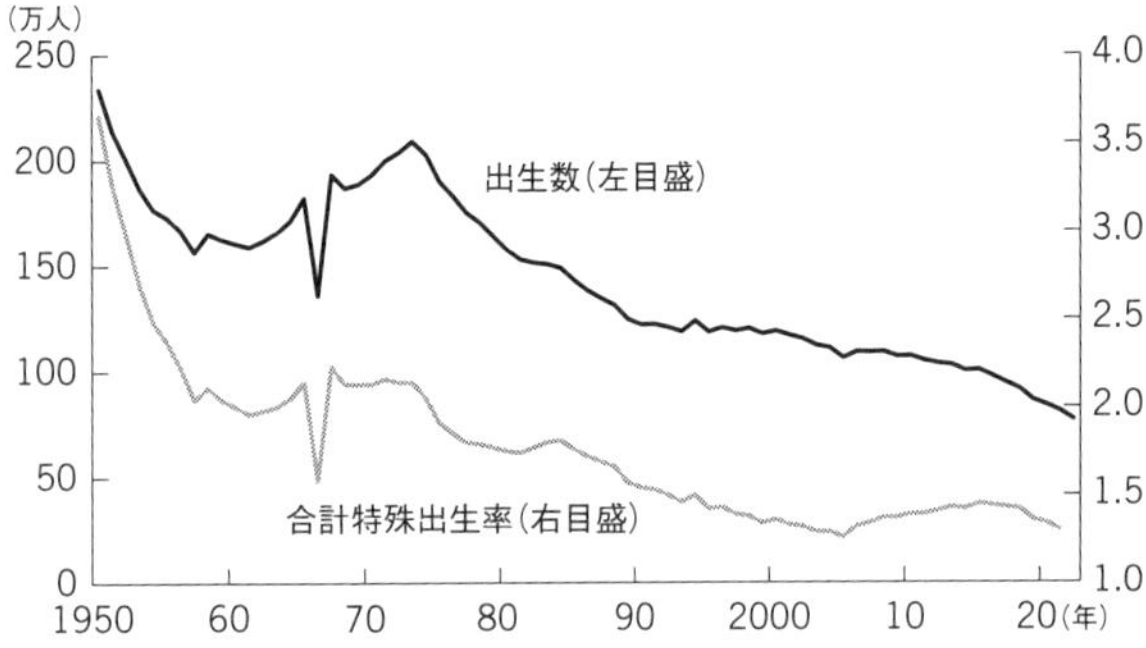

（出所）厚生労働省「人口動態統計」

図表1-2　出生数の推移と国の推計値（日本人）

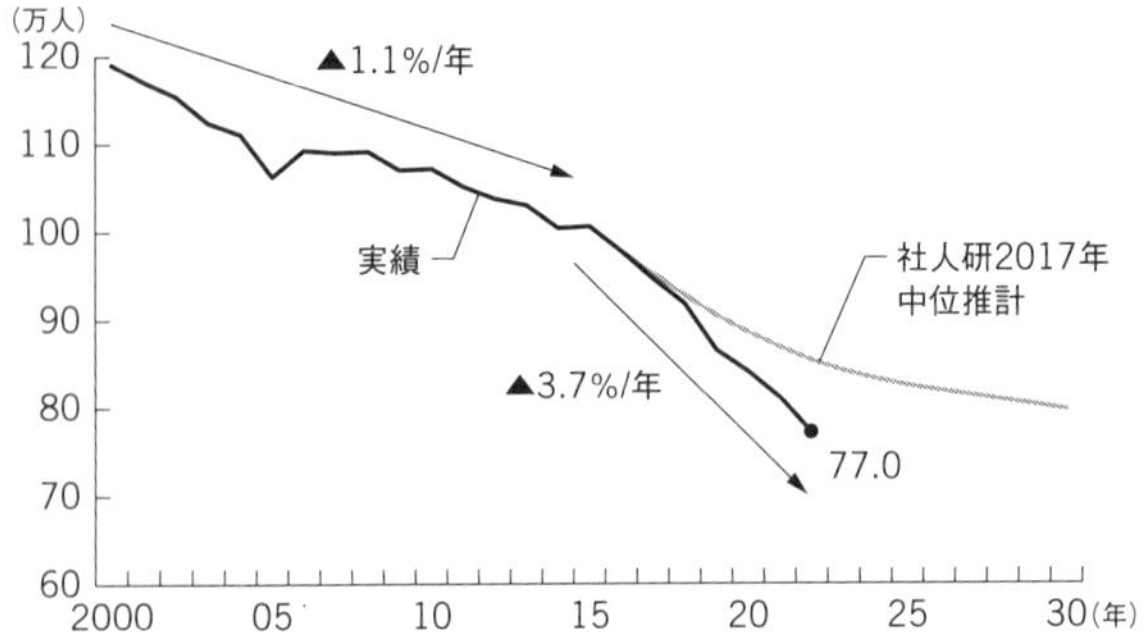

（注）2022年の77.0万人は、筆者推計値
（出所）厚生労働省「人口動態統計」、国立社会保障・人口問題研究所「日本の将来推計人口（全国）2017年推計（2015年の国勢調査ベース）」

年の国勢調査のデータをもとに国立社会保障・人口問題研究所（社人研）が推計した出生数の中位推計値も付記してあります。実績値が推計値よりも大きく下振れしていますね。2015年までは年率1％程度の減少率だったものが、2016年以降は加速して3・7％になっています。

中位推計から下振れし、推計値では2030年と見込まれていた80万人割れが、早くも2022年に現実のものとなってしまいました。怖いのは、2015年までは年間100万人あった出生数が、わずか7年で20％以上減少してしまったという強烈なスピード感です。

大森　確かに衝撃的なスピードですね。図表1－2を見る限り、2000年から15年かけて20万人減ったわけですが、その後は7年間で20万人以上減っている。

出産の年齢的な制約への意識

藤波　大森さんは23歳ですか。年齢的には、これから結婚・子育てを控えているわけですが、実際、「少子化問題」といわれて、どう思いますか。23歳というと、高校の同級生などの中には、すでに結婚して、子どもを持っている人もいるのではないですか。

大森　私は社会政策論を学ぶ学生ですから、少子化は国の存亡にかかわる一大事としてとらえるべきだということは理解しています。ですが、正直、自分事ではないというか、現状では、自分が結婚して子どもを育てる生活をイメージできないという感じです。大学に行かず専門学校などに進学した同級生の中には、もう子どもがいるやつがいますけど、大学で知り合った同世代の連中では、そうした話をしている人は少ないですね。

私の場合、結婚をしないとか、子どもはいらないということではないんですけれど、大学を出て就職したら、当然、仕事で成果を求められるでしょうし、自己研鑽《けんさん》にも時間をかけたいと思っていますので、結婚はまだまだ先のイメージです。

藤波　大学生だと、そんな感じなのかもしれませんね。私もそんな感じでした。特に男性は子どもを持つことやパートナーの出産について、自分事としてとらえることは難しい状況にあるとは思います。

宮本さんはどう？　女性は少し違う考えをお持ちなのではないでしょうか。ゼロ歳児がいるということは、今、育休中？

宮本 私は29歳で結婚し、33歳で子どもができて、現在、育休中です。妊娠する前からこちらの大学院に社会人学生として在学していました。妊娠を機に一時休学していたのですが、大学に相談したら、学内保育所が時間単位で子どもを預かってくれるということだったので、復学したところです。まもなく仕事にも復帰する予定なのですが、保育所の関係で、大学のほうが少し早くなりました。

幸い夫が家事や育児に協力的なこともあり、この2カ月ほどは、体力的にも、精神的にもずいぶんと楽になりました。出産してしばらくの間は、目の前の育児に追われ、他のことを考える余裕はまったくなかったのですが、ようやくこのところ周りがみえるようになったというか、子育て以外の人生についても思いを巡らせることができるようになりました。そういえば私、大学に行っていたんだっけという感じです。

もっとも、多少余裕ができたとはいっても、1人目を生んだばかりなので、すぐにもう1人という感じは今のところありません。ただ、いつかはもう1人欲しいとは思っているのですが、もう34歳なので、なるべく早いうちに決断をしなければいけないということはわかっています。そのあたりかなり悩ましいです。

図表1-3　女性の平均初婚年齢と第1子出産年齢

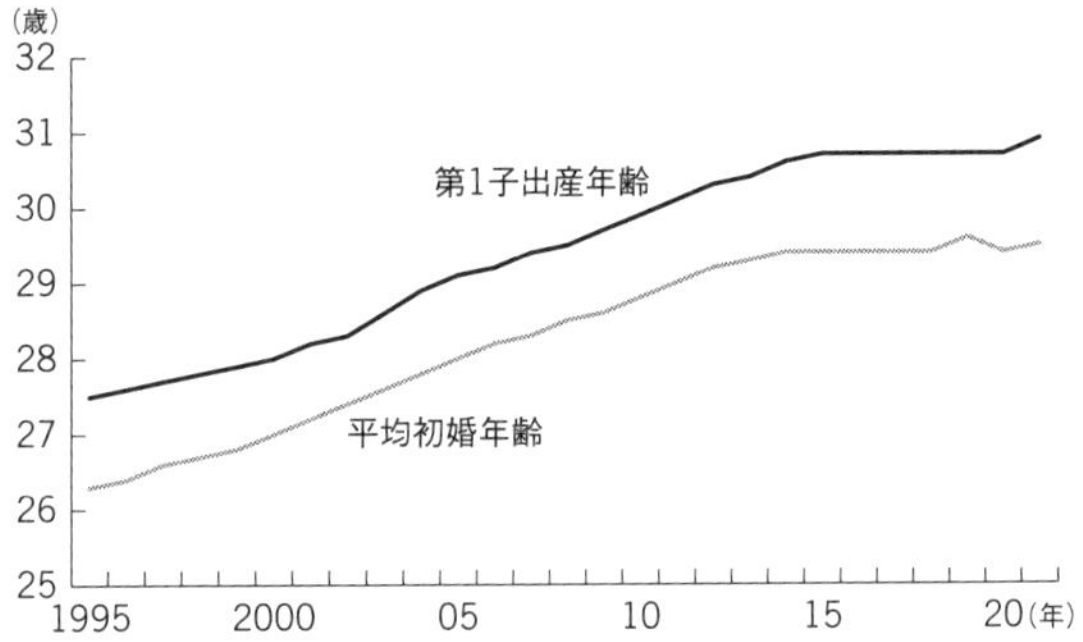

（出所）厚生労働省「人口動態統計」

藤波　女性の出産に関する年齢的な制約、よくいわれる「卵子の老化」の問題を気にしているということですか。学校教育の場でも、そうした生殖に関する情報のインプットがかなり浸透しているという話は聞きます。実際、図表1－3にあるように、女性の初婚年齢や第1子出産年齢は、2010年代半ばまでは明確な上昇傾向でしたが、このところはほとんど上昇していません。

以前は、平均初婚年齢は、女性の大学進学率とともに上昇していました。最近も進学率は上昇傾向にあるのですが、初婚年齢は上がらなくなりました。これは、出産を意識する女性が、逆算して30歳までに結婚をしようという意識が強く働いている結果だと思います。若い人たちが、しっかり考えていることがよくわかります。

子ども3人は難しい理由

宮本　ただ、人口を維持していくためには、合計特殊出生率は2・07が必要という記事を読んだことがあります。子どもを持たない女性も一定数いるわけですから、3人以上生む女性もある程度いないといけません。今、私の場合は2人目を生むかどうか迷っているのですが、3人の母親になる覚悟があるかと聞かれれば、それは明確にノーです。

藤波　それはなぜですか。

宮本　最大の理由は、わが家の経済力です。子育てに関する経済的負担に耐えられないような気がするためです。子どもがいれば広い家が欲しくなり、そのための住宅ローンを抱えながら、何人も子どもを育て、大学まで進学させられるのか。まして、私たちの世代は年金制度が崩壊するとか、老後の備えとして2000万円が必要だとかさんざん脅されているわけです。ご存じだと思いますが、ネットを見れば、子どもを持つことはリスクだとか、罰ゲームだという表現までありますよ。

藤波　子どもを持つことを金銭的損得の問題として考えることに関しては、批判的にみる人も少なくはないでしょう。子育てには何物にも代えがたい喜びがあるとか、お金がなくても、子育てはどうにかなってしまうものだというような感じの話をされる人もいますよね。

でも、現代社会を生きる若い人たちは、子育ての経済的な負担に耐えられないと考えてしまっても致し方ないほど厳しい経済や雇用の環境に取り巻かれていると思います。そうした中でも、宮本さんは、正社員として比較的安定した職に就き、所得も世代平均よりももらっているはずですよね。それでも厳しいと感じますか。

宮本　私の場合、正社員として給料はしっかりもらえていますが、大学に行くために借りた奨学金の返済が、ようやく最近終わったばかりです。貸与型の奨学金は基本的に借金です。月々の返済の負担感は相当なものがありました。特に新卒で社会人になって、まだ給料が少ないころは厳しかったですね。なので、将来自分の子どもには、奨学金を借りなくても大学に行かせてやりたいと思います。子どもが私立の大学に行くことを想定すると、いったいいくら稼げばいいんだろうと、少しぞっとするんですよね。本当は３人くらい欲しいんですけど、現実的にはせいぜい２人かな、などと、おのずと子どもの数は抑えがちになってしまいます。

大森　私は、正直いうと、残念ながら少子化問題は、時すでに遅しという印象を持っています。私の親世代に当たる団塊ジュニア世代が出産期にあった時期に有効な手を打てなかったことで、今の流れは決まってしまったと思います。

よくいわれるように、団塊ジュニア世代は、バブル崩壊後に社会に出ることになり、不況の波をもろにかぶった世代ですよね。先ほど示してもらった図表１－１をみて気がついたんですけど、１９７０年代生まれの団塊ジュニア世代は、年間２００万人を超える出生数があったにもかかわらず、その子どもに当たる私たち世代では、明確なピークはみられませんでした。問題はやはりこの時期にあったのではないかと思わざるをえません。

団塊ジュニア世代で非婚・晩婚が進んだ

藤波　大森さんは、人口の多かった団塊ジュニア世代に対して、効果的な少子化対策が打てなかったことで、時すでに遅しではないかと考えているわけですね。ご自身が団塊ジュニアのジュニア世代ということもあり、何か思い入れがあるようですね。

大森　その通りです。私の母は１９７１年生まれですから、まさに団塊ジュニア世代というわけです。小さいころから学習塾に通っていたという話をしていました。一生懸命、勉強して希望の東京の大学に進学したまではよかったんですけど、卒業して社会に出てみたらバブルが崩壊した後で、東京では希望の職に就けず、地元の長野に帰って地場の中小企業に就職したといっていました。就職活動ではなかなか内定が取れず、厳しかったそうです。本当は東京でＯＬになりたかったというのを聞いたことがあります。いろいろと動いたようなんですが、新卒採用の門戸は本当に狭かったみたいです。

藤波　団塊ジュニア世代は、大森さんのご指摘の通りで、大卒の年齢がバブル崩壊にまともにぶつかってしまった。少しそのころの新卒採用の状況を、特に女性に注目してお話ししましょう。

団塊ジュニアよりも少し上の世代で、１９８０年代後半に就職した女性は、１９８５年に制定された男女雇用機会均等法の施行直後だったため、均等法第１世代などとして注目を集めました。女性総合職が官庁や大手企業に入ってきて、女性には制服があるような職場に、ある日を境に私服やスーツの女性たちが総合職として入ってきたわけです。

均等法第１世代の女性は、自身にとってのロールモデルが不在であったり、また受け入れた企業側もその扱い方が手探りの状況だったりしたことなどから、働き続けることは簡単ではなく、相当な覚悟が必要だったと思います。また、総合職として働いた均等法第１世代の女性は、男性と伍して働く女性というロールモデルとなることを自認していたせいか、結婚をしなかった人も少なくなかったようです[1-1]。

団塊ジュニア世代は、大卒が１９９４年以降ということになりますから、均等法第１世代の少し下の世代ということになります。男女とも大学進学率が急上昇した世代です。学生時代はバブル景気の波に乗り、均等法の刺激もあって、女性も生き生きと自分の生き方を追い求める新しい時代の風を感じていた人も少なくなかったと思います。

それが、大学を卒業してみたら、バブル崩壊後の不景気の荒波が待ちかまえていたわけです。私が最初に就職した大手電機メーカーでは、１９９２年の大卒新入社員の数は２０００名、それが１９９３年には３００名にまで激減しました。

大森　そうした厳しい就職環境であぶれてしまったのが、私の母ということですね。たぶん、１９９4年に大学を卒業したんですけど、就職活動ではなかなか面接にもこぎつけられなかったというようなことをいっていました。不景気というだけでなく、団塊ジュニア世代は、人口そのものもすごく多い世代ですから、大手企業への就職は狭き門ということになったのでしょうね。

宮本　藤波さんは、団塊ジュニア世代で大学進学率が急上昇したということをいわれましたけれど、これも少子化に関係していたかもしれませんね。社会に出る時期が遅くなるわけですから、結婚、出産も後ろ倒しとなる。

私も、大学を出た後は、仕事を覚えて自己研鑽に励む風潮があり、結婚に至るまでには時間がかかりました。また、大学に行くとなると、地元ではなくて東京などの大都市に出てくる人が多くなり、頼みもしないのに結婚相手を見つけてくれる親戚のおばさんからも逃れられるわけです。周りからの圧力がなくなり、当然、結婚は後ろ倒しとなりがちですよね。

藤波　この時期、非婚・晩婚の動きが一気に進みました。結婚・出産のタイミングが後ろ倒しになり、それが少子化の主因であったことは間違いありません。政策当局のみならず、一般的な理解として、結婚さえしてくれれば一定数の子どもが生まれるという思いはあったと思うけれど、この時期以降、若い人たちがなかなか結婚しなくなった。

これは、1つには宮本さんがいわれた通り、大学進学率の上昇があったことは間違いありません。大学に行く人は、単に社会に出る年齢が4年遅れるだけではなく、地方から大都市に出てくる人が多いため、就職後に新たに構築した人間関係の中から、結婚する相手を見つけることが多くなります。細かくみていけば、こうしたことも晩婚化に拍車をかけた一因ですよね。

手遅れとあきらめてはいけない

大森　社会の変化によって出生数が減少したということであれば、今さら少子化対策といっても、やはりもう手遅れのような気がします。団塊ジュニア世代は、もう若くても50歳近くになるわけです。出産が可能な若い世代の人口減少は進む一方ですから、彼ら、彼女らが出産の中心的世代であった時期に、有効な手を打てなかった影響は大きかったですよ。

団塊ジュニア世代の出生数は年間200万人以上あったのに、その子に当たる私の世代は120万人程度。4割減ですよ。1世代ごとに4割減るということは、私の子ども世代は72万人、ちょうど2022年の出生数に近い水準ですね。

また、非婚・晩婚という話も、大学への進学率がこれだけ上がってきてしまえば、結婚を前倒しするというのも現実的な感じはしません。藤波さんが少子化に警鐘を鳴らす気持ちもわかりますが、将来を見据え、さらなる少子化を前提とした社会の構築を目指すべきではないでしょうか。

藤波　確かにその通りで、団塊ジュニア世代の結婚や出産に影響しうる有効な手立てを打てなかったことは、もう取り返しがつきません。それればかりか、団塊ジュニア世代以降の就職氷河期世代には、低収入や不安定な雇用のまま40歳を超えてしまった人も多い。このままでは、この世代が高齢者になった時期に、年金収入が少なく、生活保護となってしまう人が相当数出ることが懸念されます。将来、貧困高齢層が増えることになれば、彼らを支える社会保障費の増加に歯止めをかけることが難しくなり、それが若い世代への経済的負担となって、さらなる少子化をもたらすというような負のスパイラルに陥ってしまう可能性があります。

ここ数年、ようやく政府でも、就職氷河期世代に対して正規雇用への就業支援などに取り組むようになってきているけれど、どこまで成果が出るのかは不透明です。非婚・晩婚にしても、女性の初婚年齢が30歳くらいになってきており、すでに日本の社会にビルトインされているということですよね。

ただ、私は、少子化問題を「手遅れ」という言葉で片づけてほしくはないんです。対策をあきらめてしまえば、少子化はさらに加速していきかねないと考えています。

そもそも「手遅れ」と主張する方の論拠は、親となる若い世代の人口減少や非婚・晩婚の進展が不可逆的であることですよね。私もそこについては、全面的に否定するわけではないんですけれど、足下で進む少子化は、必ずしも親となる出産期人口の減少と非婚・晩婚だけが理由ではなく、第3の理由があると考えています。今日は、詳しくお話しすることはしませんが、第3の理由についてはまだ十分改善が可能だし、非婚・晩婚にしたって、別に結婚をしたくないという人が極端に増えているわけではないと考えています。結婚はしたいんだけど、できないといってあきらめている人が相当数いるはずです。

このあたりのことについては、来週改めて時間を取って話をしませんか。それまでに、社人研が定期的に実施している出生動向基本調査というアンケート調査の結果をざっとながめておいてください。若い人たちの結婚や出産に関する考え方について、興味深いデータが山ほど載っていますから。

宮本・大森　わかりました！　来週もぜひお願いします。

【注】

1－1　内閣府男女共同参画局「平成16年版男女共同参画白書」コラム「均等法第一世代の女性の未来観」

第 2 章

なぜ子どもは減るのか

再び、某大学大学院、社会政策論の授業後の教室。先週に続き、非常勤講師と学生２人が少子化に関して議論している。非常勤講師は、日本総合研究所の上席主任研究員、藤波。学生は、育休中の34歳の女性（宮本）と、大学院生の23歳の男性（大森）。

２０２５年には出生数70万人割れ？

藤波　先週はありがとうございました。あのときは、出生数が急減しているデータをおみせして、お２人が感じた印象みたいなものをお聞きしたわけだけど、今日は、もう少し細かいデータをみてもらいながら、日本における少子化問題の深刻さを、一緒に考えていきたいと思います。

大森　先週、最近の出生数の減少ペースが速いことに衝撃を受けたわけですけど、今後、同じペースで少子化が進んだ場合、出生数の変化がどんな感じになるのかということを、ちょっと計算してみました。

2022年に80万人を割り込んで結構ニュースになったわけですけど、最近は年平均▲3・7%のペースで出生数が減少しているわけですから、次の節目となる70万人を割り込むのは再来年の2025年です。さらに、2022年の77万人から半減するのは、2041年となります。もう20年ないんですよね。こうやって考えてみると、改めて衝撃的なスピードだということがわかります。

藤波 私もいろんなところでこうした話をしますけど、このスピード感については、なかなか実感としてわかってもらえないもどかしさがあります。お2人には十分伝わったと思いますが、再来年の2025年に70万人を割り込むというのはすごいですよね。

宮本 藤波さんは、前回の最後のところで、足下で進む少子化が、必ずしも親となる出産期人口の減少と非婚・晩婚だけが理由ではなさそうということをおっしゃいましたよね。私は、親となる世代の人口減少と非婚・晩婚が主因だと思っていましたので、その時には「?」と思いましたが、今日はその核心の話になるんですよね。そのあたり、ぜひ詳しくお聞きしたいです。

大森　私も、少子化の主因は、親世代の人口減少が進んだ結果だと思っていました。

藤波　そうですよね。もったいぶった感じになってしまって申し訳なかったんですけれど、あのときはお2人の話をお聞きすることが主眼だったので、詳しくお話ししませんでした。もちろん、今、宮本さんが指摘した親世代の人口減少と非婚・晩婚の影響がなくなったわけではないんですけれど、少なくとも、2016年以降の出生数急減の局面では、別の理由が急浮上してきたことからお話ししましょう。

宮本　お願いします。

少子化の原因は非婚・晩婚ではなくなっている

藤波　図表2－1をみてください。直感的にわかりにくい図だと思うので、1つずつ説明しますね。この図表は、厚生労働省から毎年出されている人口動態統計と総務省から5年ごとに出されている国勢調査のデータから作ったものです。一言でいえば、出生数の変化の要因

図表2-1 出生数変化の要因分解分析（日本人）

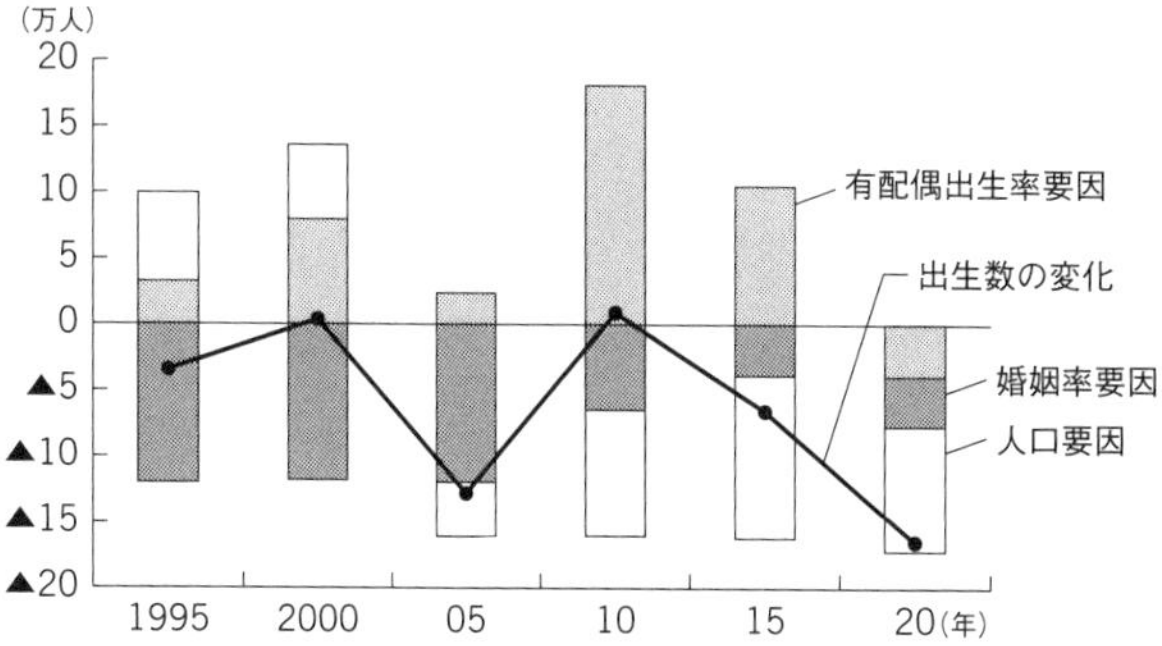

（出所）厚生労働省「人口動態統計」、総務省「国勢調査」

分解をしたもので、5年ごとの出生数の変化が、どのような要因によってもたらされたのかを知ることができるんです。

まず、折れ線グラフが5年ごとの出生数の変化を表しています。２０２０年の折れ線グラフは、▲16万人を指していますが、これは、２０１５年からの5年間に出生数が16万人減少したことを意味しています。そして、16万人の出生数の減少をもたらした要因が、棒グラフによって説明されています。今回は、人口要因、婚姻率要因、有配偶出生率要因の3つに分けて表しました。

人口要因は、15歳から49歳の女性の人口の増減をみています。また、婚姻率要因は、当該年齢層の女性の婚姻率の変化をみています。そして、有配偶出生率要因は、結婚をしている女性の出生率の変化をみています。日本の場合、子どものほとんどが結婚している女性から生まれてくるので、日本の出生率は、基本的に婚姻率と有配偶出生率を掛け合わせたものとなります。

お2人は、この図表からどのようなことを読み取りますか。

宮本　まず印象的なのが、婚姻率要因の影響が大きく変わってきていることです。2005年までは、婚姻率要因が大きくマイナスに張り出しており、当時は、少子化の主因が非婚・晩婚の影響であったことは一目瞭然ですが、その後は、影響が明らかに小さくなっていますね。先日藤波さんがいわれていた、非婚・晩婚が少子化の主因ではなくなっているというお話に符合します。でも、世の中的には、いまだに非婚・晩婚が少子化の主因であるという論調がみられます。

藤波　確かに、非婚・晩婚が少子化の主因であるという主張は、依然として根強いです。宮本さんのご指摘の通り、婚姻率要因が少子化の主因であったのは、せいぜい2005年までなんですけどね。

大森　２００５年ごろまで婚姻率要因が少子化の主因であったというのは、先日の話に照らし合わせると、団塊ジュニア世代のライフスタイルの変化の影響なのでしょうね。団塊ジュニア世代は大学への進学率が上がった世代であり、当然社会に出るタイミングが遅れますから、晩婚化がおのずと進展したはずです。

また、仕事に就いて自立できる女性が増えたはずなので、結婚しない人生を選択する人も増加したのかもしれません。こうした社会の変化が、婚姻率を押し下げ、少子化をもたらしたと考えられるのではないでしょうか。

藤波　その通りです。あと、この世代の人たちの社会に出るタイミングが、バブル崩壊後であったことも忘れてはいけないでしょうね。不況で生活が安定せず、結婚を先延ばし、あるいは断念した人も多かったのではないでしょうか。この点については、後ほどもう少し詳しく考えてみたいと思います。

話を図表２―１に戻すと、足下では、婚姻率要因が少子化の主因であった時代は終わったわけですけど、まだ出生数の押し下げ要因であることには変わりはない。依然として結婚しづらい、あるいは結婚を避ける人が増え、婚姻率が下がり続けていることは忘れてはいけないと思います。

あと、実はコロナ禍で婚姻数が急減しました。すでに2022年の出生数の大幅減少はこの影響が出ているようなんですが、この図は国勢調査のデータを使っている手前、足下の急激な変化について、同様の分析ができていないのが残念です。

大森さんは、図表2－1で何か気になる点はありますか。

大森　注目すべきは、人口要因ですよ。2010年から、婚姻率要因に置き換わって、人口要因が少子化の主因となっています。

先日示していただいた長期の出生数の推移のグラフを思い起こすと（図表1－1）、団塊ジュニア世代は、1973年に出生数のピーク（約210万人）を記録しますが、その後の世代の少子化は激しいものがありました。1975年から1990年くらいまで、出生数は急減しています。この世代が2010年ごろから結婚・出産期に入ってきたわけですけれど、その代わりに結婚・出産期を離れたのが、出生数が多かった1960年代生まれですから、2010年代は、母親となる女性の数がどんどん減っていったのだと思います。その後も、出生数の減少傾向が続く中で、人口が多かった世代が結婚・出産期から出ていき、人口の少ない世代が入ってくる状況は変わりませんから、依然として人口要因が出生数減少の主因となっているのですよね。

藤波 私もその解釈で正しいと思います。人口要因に関しては、20年以上前の出生数によって決まってしまっている事象なので、現状、いかんともしがたいですよね。

あえて希望的なことをいわせてもらうと、1990年代の10年間に限っては、出生数が120万人で比較的安定していました。これは、団塊ジュニア世代がこの時期に出産期に入ってきた影響だと思います。団塊ジュニアの子ども世代で出生数の山を形づくることはできなかったとはいえ、一方的な減少に一時的に歯止めをかけることはできた。その世代が今、結婚・出産期を迎えており、今後人口要因の影響は、これまでよりは小さくなることが期待されますよね。

結婚した人の出生率が下がっている

宮本 ところで藤波さん、ここまでの話は前置きですよね。最初から気づいていましたが、図表2−1を作った最大の目的は、有配偶出生率要因ですよね。

先ほど藤波さんが、2016年以降の出生数急減の局面では、別の理由が急浮上してきた、とおっしゃいましたが、その理由とは有配偶出生率要因の変化だと思います。2015年まではずっと出生数の押し上げ要因であった有配偶出生率が、一転押し下げ要因になっています。有配偶出生率要因は、2015年には出生数を10万人分押し上げましたが、2020年には4万人分押し下げました。プラスからマイナスへのトータル14万人分の振れ幅が、少子化のペースの加速をもたらしたということですね。

藤波　その通りです。女性の年齢別にみた有配偶出生率の状況をみてください（図表2―2）。有配偶出生率は、結婚している女性の出生率を表しており、2015年までは総じて上昇もしくは横ばいの状況にありました。細かくみると、2015年までは、20代の有配偶出生率は横ばい、一方30代は、晩婚・晩産化の影響で、緩やかに上昇傾向で推移してきたわけです。それが、2020年には、20代で明らかな低下、30代で横ばいからわずかな低下に転じました。出産の中心的な世代である20～39歳の女性全体でみれば、有配偶出生率が低下したわけです。

図表2-2　女性の有配偶出生率の推移（日本人）

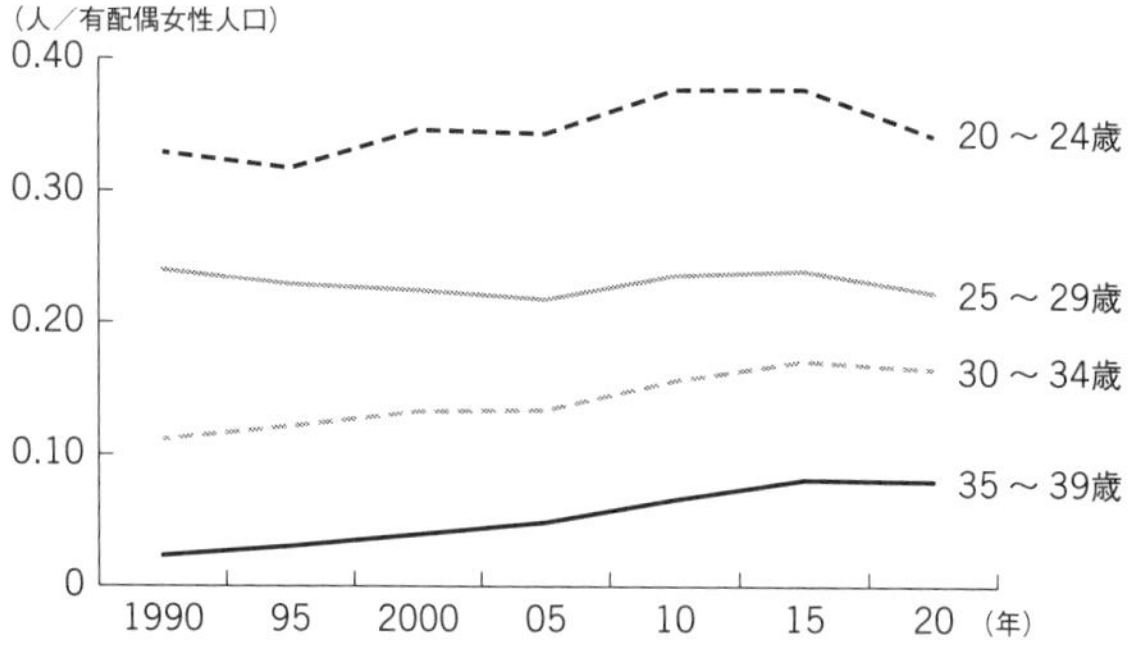

（出所）厚生労働省「人口動態統計」、総務省「国勢調査」

大森　2016年以降の出生数急減の理由は、有配偶出生率の低下の影響だという説明で違和感はありません。夫婦がより少ない子どもでよいと考えるようになっているということですね。ただ、1つ疑問点もあります。

要因分解の図表2－1で、有配偶出生率が2015年まではずっと出生数の押し上げ要因だったことです。合計特殊出生率が上がっていた時期にそうであることは理解できますが、合計特殊出生率が下がった時期も有配偶出生率が上昇し、出生数の押し上げ要因であったというのは腑《ふ》に落ちないですね。

藤波　確かに、直感的にはわかりにくいかもしれませんね。大森さんの違和感があるというのは、おそらく合計特殊出生率が低下局面にあった2005年までの状況を指しているのだと思います。この時期、夫婦により多くの子どもを持つことをうながす社会の変化があったとは考えにくい。にもかかわらず、有配偶出生率は出生数の押し上げ圧力となった。

大森　そうです、そこの違和感です。

藤波　ご存じの通り、日本では、子どものほとんどが婚姻世帯から生まれているわけだから、簡単にいうと、出生率＝婚姻率×有配偶出生率というのは、いいですよね。

この式を頭に置きながら、出生率が低下している局面で、有配偶出生率が上昇する条件を考えればいいということです。一言でいえば、2005年までは、出生率の低下よりも、婚姻率の低下のほうが強烈だったということです。すなわち、非婚・晩婚が進み、婚姻率が急速に低下したものの、その中でも結婚という選択をした人は、強く子どもが欲しいと思っていたということなんじゃないかな。

私は、日本では、結婚と出産を一体的なものと考えるというか、結婚すれば子どもはつくるものという社会通念のようなものがあったと思います。見方によっては、結婚は子どもを持つためのステップという側面があるわけです。ただ、子どもを望む気持ちの強弱は、人それぞれであり、すべての個人、夫婦で一様ではないわけです。

そうした状況下、団塊ジュニア世代などで非婚・晩婚が急速に進んだ2005年ごろまでに結婚した人には、子どもを持つことを強く願う人が多かったため、相対的に有配偶出生率が上がったんだと思います。

大森 なるほど、有配偶出生率が上昇局面にあったとしても、それが必ずしも若い世代全体で子どもを望む気持ちが強まったわけではないことには注意が必要ですね。非婚・晩婚が進んだ2005年までに結婚を選択した人たちは、より強く子どもを望んでいた層だったという理解ですね。ちょっとややこしいけど。

藤波 そういうことです。そのあたりがこの分析法の限界といえます。ただ、2020年の有配偶出生率の変化に関しては、若い世代の意識の変化を強く感じます。繰り返しになりますけれど、日本の場合は、これまで結婚と出産は一体的なものと考える傾向が強かったわけです。それが、どうやら近ごろは、結婚をしても子どもはいらない、あるいはより少ない子ども数でよいと考える人が増えている状況になっているようです。

私は、有配偶出生率の低下を示すデータから、若い世代において「出生意欲の低下」と呼べる状況が生じていると感じています。まさに、2016年以降の少子化加速の主因は、若い世代の出生意欲の低下にあったとみています。

若者の9割近くが結婚願望を持つ意外

宮本　結婚と出産を一体的なものと考える社会通念とおっしゃいましたが、女性である私はそうしたものをひしひしと感じています。いまだに、結婚したら、周囲から子どもを期待されるという話はよく聞きますし、私と同世代の女性でも、結婚したら次は子ども、のような考え方を持っている人が少なくありません。
一方で、今のところ少数派かもしれませんが、結婚と出産を切り分けて考える女性が増えている印象もあります。理想的な男性がいれば、人生のパートナーとして結婚はしたいけれど、まだ子どものことまでは考えられない、あるいは子どもはいらないという女性がいることは間違いありません。

大森　そうなると、私はどちらかというと古いタイプの人間かもしれません。結婚をしたいというより、家族を持つことの重要性を意識しますし、そこには子どもの存在が必要だと思います。まだその予定はまったく立っていないんですが。

家を守るとか、後継ぎが必要だとかということではないのですが、結婚したら、自然なこととして子どもを持つことになるんだろうなと思っています。

宮本　私も同じです。結婚したい気持ちよりも、自分の子どもを持ちたいという気持ちのほうが強かったですね。先ほど藤波さんがいわれた、結婚は家族をつくるためのステップ、という考え方に近いでしょうか。もちろん、望んでも子どもができない夫婦が一定数いることは知っていますし、子どもを希望しない夫婦もいるとは思いますが、私としては、できれば30歳くらいまでには子どもを持ちたいと考えていました。結果的には、第１子を生んだのは33歳でしたから、希望からは少し遅れてしまいましたけれど。

藤波　大森さんから、「古いタイプの人間」という言葉が出ましたが、必ずしもそうではないかもしれませんよ。日本の場合は、まだまだ結婚をして子どもを持ちたいと考えている人が

図表2-3 「一生結婚するつもりはない」未婚者の割合

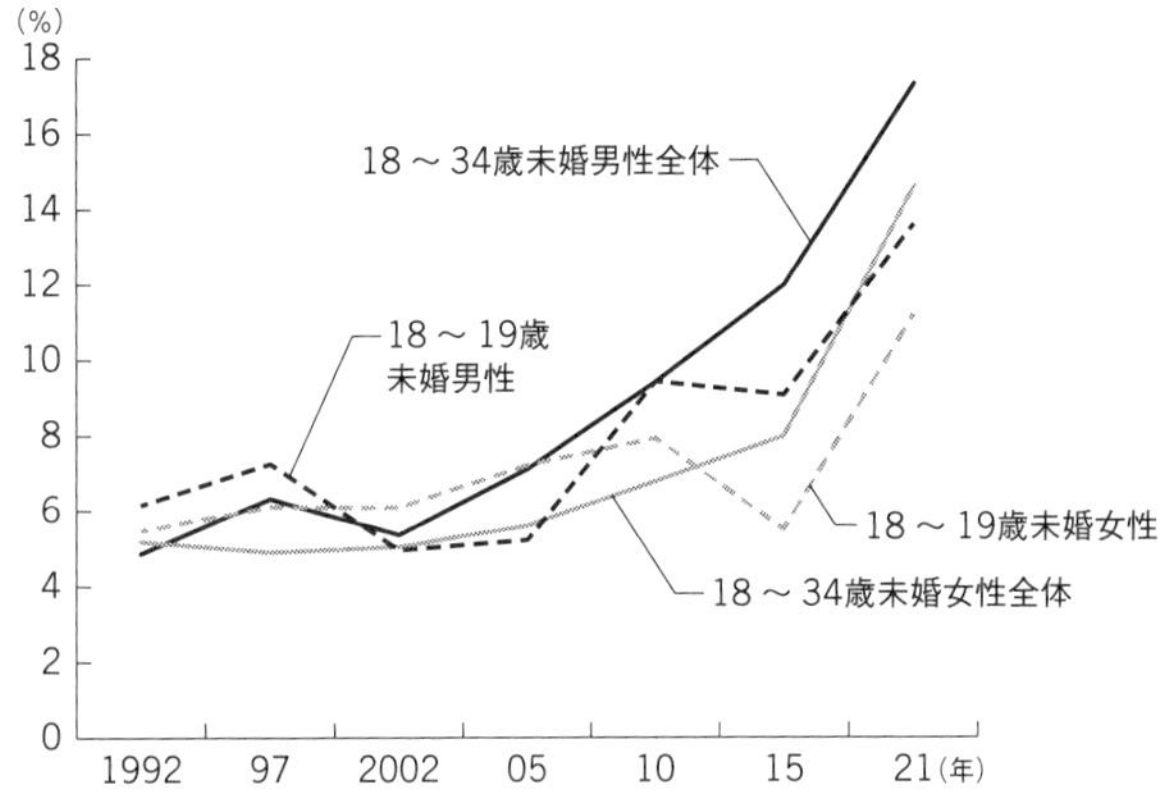

(出所) 国立社会保障・人口問題研究所「出生動向基本調査」

多いようです。結婚しない、あるいは子どもがいらないという考えをお持ちの若者が増えていることは間違いないんですが、それはまだまだ少数派です。

まず国立社会保障・人口問題研究所の出生動向基本調査のデータをみながら、若い世代の結婚意向を確認してみましょう。

図表2－3は、独身者に結婚意思を問う質問で、「一生結婚するつもりはない」と回答した人の割合です。平均値でみると、上昇傾向にあることは否めません。

中でも、18～19歳のデータに注目してほしいのですが、上昇傾向にあるとはいえ、2021年には男性13・6％、女性11・2％とまだ1割強でした。この比率は年齢が上がるに従い上昇するのですが、これは結婚した人が独身者から抜けていくため、結婚するつもりのない人の割合が相対的に高くなっていくのは当然のことです。

ほとんど結婚している人がいない18～19歳の世代をみることで、現代の若い世代の結婚意向をみることができます。すると、9割近い人がいつかは結婚したいと考えているわけで、LGBTQや生涯非婚などのライフスタイルが定着しつつあるとはいえ、まだまだ大半の人は結婚願望を持っているといってよいのではないでしょうか。

未婚男性の5割近くが結婚相手の経済力を重視

大森 9割近い若者が結婚願望を持っているという調査結果は、私の感覚よりも高い気がします。もう少し低いと思っていました。

藤波 大森さんのその感覚、非常に重要なポイントだと思います。結婚願望を聞いた図表2―3の結果は、本当に結婚を希望しないコアな非婚希望者であると考えてよいでしょう。増えているとはいえ、20歳前では、まだ1割強にすぎません。

にもかかわらず、なぜ大森さんはもっと多いと感じてしまうのでしょうか。おそらく、大森さんの友人、知人関係で、「結婚しなくてもいいかな」というようなことをいっている人は結構いるのかもしれません。ただ、そこには、1割程度の積極的非婚の人とともに、自らを取り巻く環境から、「結婚できないだろう」、あるいは「することはないだろう」と考えている人が含まれているということではないでしょうか。

問題は、結婚を希望しながら、自らを取り巻くさまざまな状況から、結婚できないと考えている人がコアな非婚希望者とは別にいるということなんです。これは、子どもを持つ・持たないという判断においても同様で、私が先ほどいった出生意欲の低下と呼べる現象は、必ずしも主義主張として子どもをつくらない人が増えていることと同義ではありません。子どもは欲しいけど、自らが置かれた環境から判断して、希望の人数まで子どもは持たないという人も含んでいます。

何をいいたいのかといえば、本当は3人欲しいんだけど、経済的な要因から現実的にはせいぜい2人までというように、理想子ども数と希望子ども数にギャップがあるということです。あるいは、結婚し子どもが欲しいんだけど、現在の収入では結婚すら覚束ないという人もいるようです。実際、先日、宮本さんは、自らの収入環境などに照らし、3人の子どもを持つことは無理ということをいわれました。まさにこういう状況にある人が少なくないということなんです。

宮本 実際、本気かどうかわかりませんが、大学時代の友人や会社の後輩などと話すと、収入が少なすぎるため、結婚生活を送ることに不安を持っている人が、男女ともに少なくありません。

女性の場合、一昔前であれば、たとえ自分に収入がなくても、経済力のある男性を見つけて結婚しようと考える人が多かったのかもしれませんが、今はそういう男性も少なくなりました。

今回は私もグラフを作ってきたので、みてもらってもいいですか。図表2−4も、出生動向基本調査に出ていたもので、結婚相手の経済力を重視・考慮する未婚者の割合の推移を男女別に示したものです。

私はかなり驚いたのですが、5割近い未婚男性が、結婚相手となる女性の経済力を重視・考慮すると回答しています。2002年ごろまでは30％くらいで推移していたものが、2010年の調査からどんどん高まっています。男性の年収が低くなったり、非正規で働く人が増えたりしていることが一因ではないかと思います。

図表2-4　結婚相手の経済力を重視・考慮する未婚者の割合

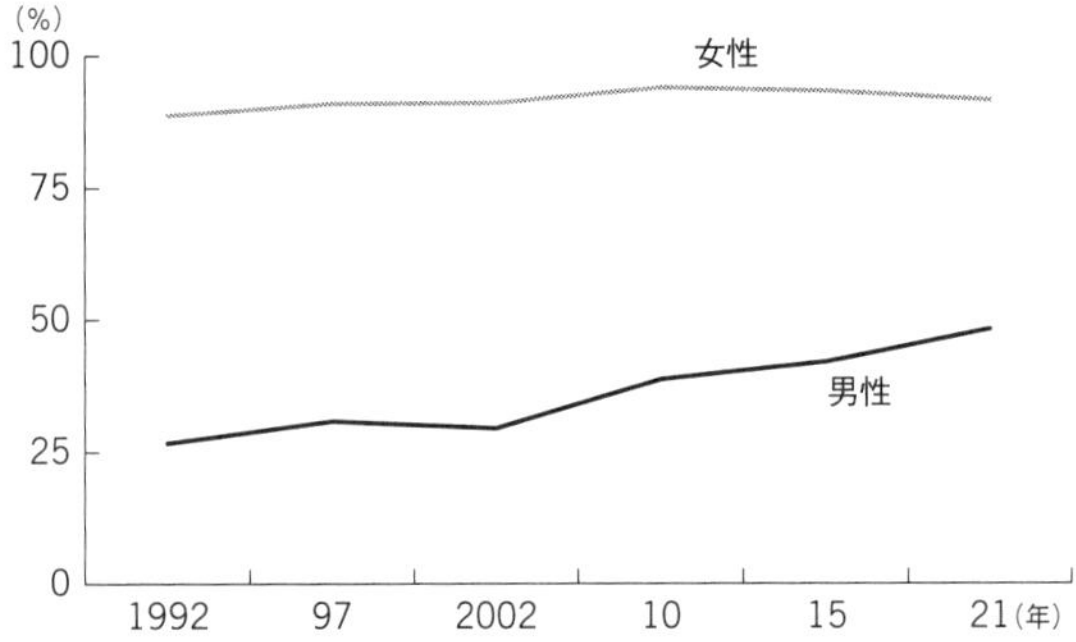

（注）18〜34歳の未婚者
（出所）国立社会保障・人口問題研究所「出生動向基本調査」

もちろん、夫婦でともに家計を支えるという考え方が一般的になるにつれ、それならパートナーとなる女性にも経済力があったほうがいいよね、と考える男性が増えているという単純なことなのかもしれませんが。

大森　私も結婚を考えるとき、もしかしたら相手の女性の経済状況は気になるかもしれません。相手の収入が少ないから結婚をやめるという判断はしないまでも、多いほうがいいとは思いますから。それに、今の時代、夫婦で家計を支えるのが望ましいという考え方もあるでしょうし、5割近い未婚男性が、結婚相手となる女性の経済力を気にするというのは、当然なのかもしれませんね。

2021年調査で明かされた衝撃のデータ

宮本 さらに、最新の出生動向基本調査のデータでは、女性の出生意欲の低下がクローズアップされる結果となりました。図表2－5は、結婚意思のある未婚者の希望子ども数の推移を示したグラフです。今回の調査では、前回の2015年のデータに比べて、女性の低下が顕著でした。未婚女性の希望子ども数は、2015年には2・02人でしたが、2021年には男性を下回る1・79人まで急低下しています。

もっと衝撃的なデータもありましたよ。図表2－6は、「結婚したら子どもは持つべきだ」という考え方に肯定的な意見を持つ未婚者の割合の推移です。1990年代から2015年までは、ほとんど変化は見られず、男性で7割以上、女性で6割以上をキープしていました。すなわち、先ほど藤波さんがいわれた「結婚と出産を一体的なものと考える社会通念」が、年配の方ばかりではなく、若い人たちにもあったことを表しています。

ところが、そうした考え方が、2021年の調査では激減しました。男女とも大きく低下しましたが、特に女性の低下は明らかで、半減といってもよいほどの状況でした。すなわち、最新の調査では、結婚と出産を切り離して考える女性が半数を超えたということです。

図表2-5　結婚意思のある未婚者の希望子ども数

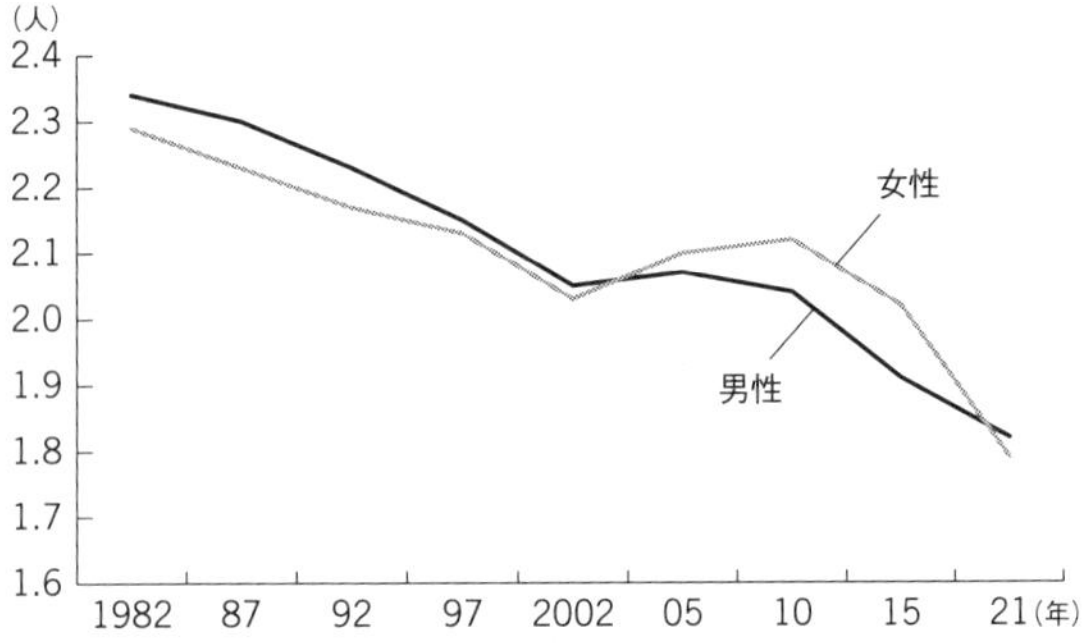

(注) 18〜34歳の未婚者
(出所) 国立社会保障・人口問題研究所「出生動向基本調査」

図表2-6　「結婚したら子どもは持つべきだ」に肯定的な考えの割合

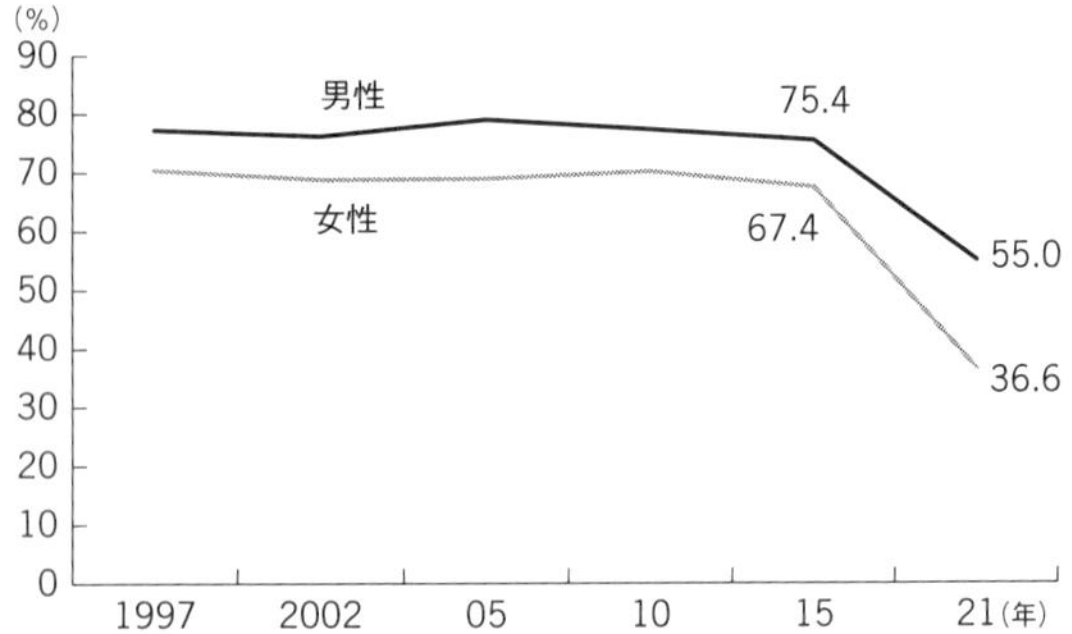

(注) 18〜34歳の未婚者
(出所) 国立社会保障・人口問題研究所「出生動向基本調査」

女性の私からみても、この結果は衝撃的なものでした。34歳の私は、まだ結婚と出産を一体的というか、結婚は子どもを持つためのステップのような考え方を持っていましたから、この変化については、納得できない部分はあります。

大森 いやー、図表2―6のインパクトは本当にすごいですね。調査ミス、集計ミスを疑うレベルです。

藤波 実は、2022年9月に最新の出生動向基本調査の結果が公表されたときに、私も同僚とこのデータをみて、調査に不手際があったのではないかという話をしたことを覚えています。それほどまでに衝撃的な数字です。

私は、先ほどの図表2―1の分析結果などから、2021年に実施された出生動向基本調査の結果からは、ある程度の出生意欲の低下を示すデータが出てくることを予想はしていました。しかし、ここまでとは正直信じられませんでしたよ。

1つ注意しなければいけないのは、最新の出生動向基本調査は、2021年に実施されたアンケート調査であるということです。コロナ禍の真っ最中だったわけで、いろいろなことに対して日本の若者が前向きになりにくい環境があったということは、差し引いて考えなければいけないですよね。

宮本　２０２１年の出生動向基本調査にみられる若い世代の出生意欲の低下については、コロナ禍の影響はあったと思いますが、少なくとも２０２０年、あるいは２０２１年までの出生数の急減については、コロナ禍はあまり関係ないと考えてよいと思います。同調査から、結婚から第一子出産までの平均的な期間はおおむね2年半であることがわかります。そうした状況を踏まえると、２０２２年の出生数の前年比５％に及ぶ減少には、少なからずコロナ禍による婚姻数の減少の影響があったと考えざるをえません。しかし、２０２１年までの年率３％以上の減少については、コロナ禍と切り離して考えるべきで、純粋に出生意欲の低下の影響だと思います。

非正規雇用の女性は結婚・出産に後ろ向き

藤波　２０２３年2月の時点では、最新の出生動向基本調査については概要しか公表されていないため、最終的な報告書に掲載されるはずの細かいクロス集計の結果は、まだみることができません。そのため、アンケート回答者の属性ごとの分析については、まだまだ十分に把握できない状況です。

それでも2015年実施の前回調査のクロス集計結果を、女性の属性ごとにみていくと、一部の女性で顕著に出生意欲が低下していることがわかるんです。図表2－7は、前回の出生動向基本調査において、未婚女性の従業上の地位別に、予想するライフコース（実際になりそうと考えるライフコース）をたずねたものです。予想ライフコースは、「非婚就業（結婚せず、仕事を続ける）」「DINKs（結婚するが子どもは持たず、仕事を続ける）」「両立」「再就職」「専業主婦」の5パターンで、今後の人生において結婚、出産・子育て、仕事をどのように予想しているかということを聞いています。

2015年の結果から、正規雇用と非正規雇用の女性で予想ライフコースが大きく異なることがわかります。特に「非婚就業」は、正規雇用女性より非正規雇用女性のほうが明らかに多くなっています。「DINKs」に関しても、正規より非正規のほうが多い傾向にあります。

すなわち、非正規雇用の女性のほうが、結婚や出産に対して後ろ向きであるということになります。いい換えれば、非正規雇用で働く未婚女性の36％が、自ら子どもを生む人生をイ

図表2-7　従業上の地位別、未婚女性の予想ライフコース（2015年）

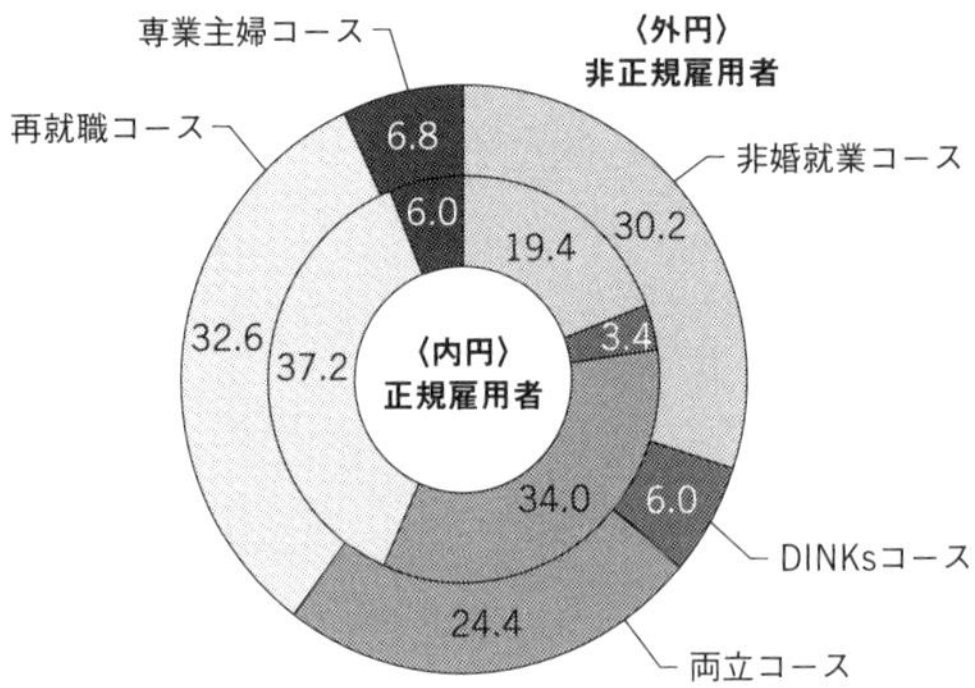

（注）18～34歳の未婚女性
（出所）国立社会保障・人口問題研究所「第15回出生動向基本調査」

メージできていないことになります。雇用形態によって、結婚や出産に対するスタンスにこれほどまでの差異が生じているということについては、しっかりと認識すべきでしょう。

宮本　ちょっと待ってください。これは一般的な印象とは明らかに異なりますよ。常識的には、特に女性の場合、正規雇用のほうが、雇用が安定し給与も高い傾向にありますから、経済的な自立を確保しやすいはずです。ですから、非婚就業でもやっていきやすいのは、正規雇用のほうです。逆に、非正規雇用のほうは、雇用の安定性が低く賃金も上がりにくいため、結婚することで経済的な安定を得ようという人が多いと思っていました。

また、たとえ結婚しても、子どもを持たないＤＩＮＫｓとなることを予想している人も、非正規雇用の女性に多いというのは意外です。

藤波　これは、先ほど宮本さんが図表２－４で示してくれた、女性に経済力を求める男性が増えているということと関連しているような気がします。男性が、経済力のある女性を求める傾向が高まっているため、非正規雇用で働く女性は、非正規という自らの立場がハンディキャップになると考え、結婚に後ろ向きになっているのではないでしょうか。

ＤＩＮＫｓも同様です。産休・育休、育児休業補償など、近年出産にともなうさまざまな制度の充実が図られていますが、非正規雇用で働く女性は、実際にそれらの制度を享受できるのかどうかといったことについて、ネガティブに考えてしまいがちなのだと思います。おそらく、非正規雇用で働く女性の一部が、自らの経済・雇用環境から、結婚・出産についてあきらめたり、より少ない子どもを希望するようになったりしているのではないかと考えています。

ちなみに、２０２１年に実施した最新の出生動向基本調査では、女性の属性別のデータは公表されていないのですが、未婚女性全体の結果は明らかになっています。図表２－８に示

図表2-8　非婚就業を理想・予想とする未婚女性の割合

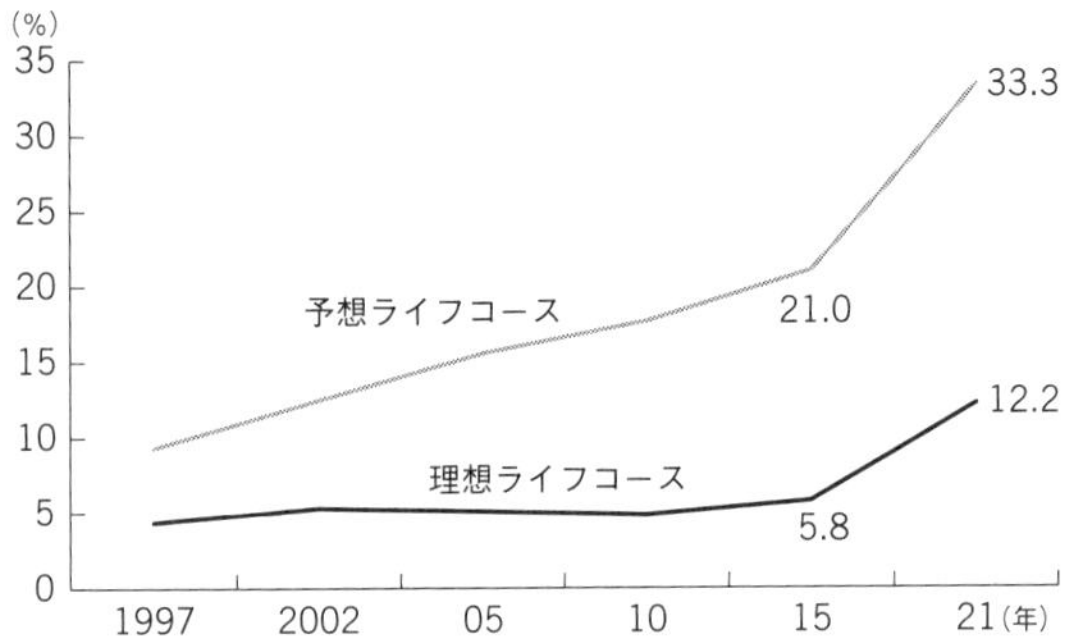

(注) 18～34歳の未婚女性
(出所) 国立社会保障・人口問題研究所「出生動向基本調査」

した通り、予想ライフコースで、「非婚就業」を選択する女性の割合がはね上がっています。理想ライフコース（理想とするライフコース）でも「非婚就業」を選択する人が増えていますが、12・2％にとどまっており、予想ライフコースの33・3％には及びません。

図表2－3で一生結婚するつもりはない女性は1割強だということをお話ししましたよね。これは、「非婚就業」が理想のライフコースであるという女性が1割強であることと符合します。したがって、潜在的には、結婚を希望する人は9割近いことになるわけですが、実際には、女性の3人に1人が、結果的に「非婚就業」になるだろうと予想していることになります。ここからは推測になるのですが、おそらく2021年の調査で「非

婚就業」となることを予想している人の相当数が、非正規雇用の女性であると思われます。雇用形態が女性のライフコースに大きく影響しているということについては、しっかりと認識しておくことが大切です。

さて、今日はずいぶんと長い時間話してしまいましたね。今日はこのくらいにして、また来週にしましょうか。

大森　私、先ほど宮本さんが、多くの男性が結婚相手となる女性の経済状況を気にするようになっているのは、男性の賃金水準の低下によるものであるといっていたことが気になりました。今、大学院で雇用問題をテーマにしているので、来週までに男性の賃金低下についてデータを作ってきます。

宮本・大森　来週また、お願いします。

第 3 章

人口減少と経済縮小の悪循環

某大学大学院、社会政策論の授業後の教室。先週と同じく、非常勤講師と学生2人が少子化について話をしている。非常勤講師は、日本総合研究所の上席主任研究員、藤波。学生は、育休中の34歳の女性（宮本）と、大学院生の23歳の男性（大森）。今週は、学生の大森が興味深いデータを作ってきた。そのデータをきっかけに、若い世代の経済状況について話が及ぶ。

なぜ若い世代の賃金は上がらないのか

藤波　今週もよろしくお願いします。

大森　先週お話しした通り、今日はデータを作ってきているので、その説明からさせてもらってよろしいですか。

男性が結婚相手となる女性の経済状況を気にする傾向が強くなっているという先週のお話との関連で、賃金水準についてグラフを作ってきました。まず、図表3－1は、男女別の名

図表3-1 一般労働者の名目賃金の推移

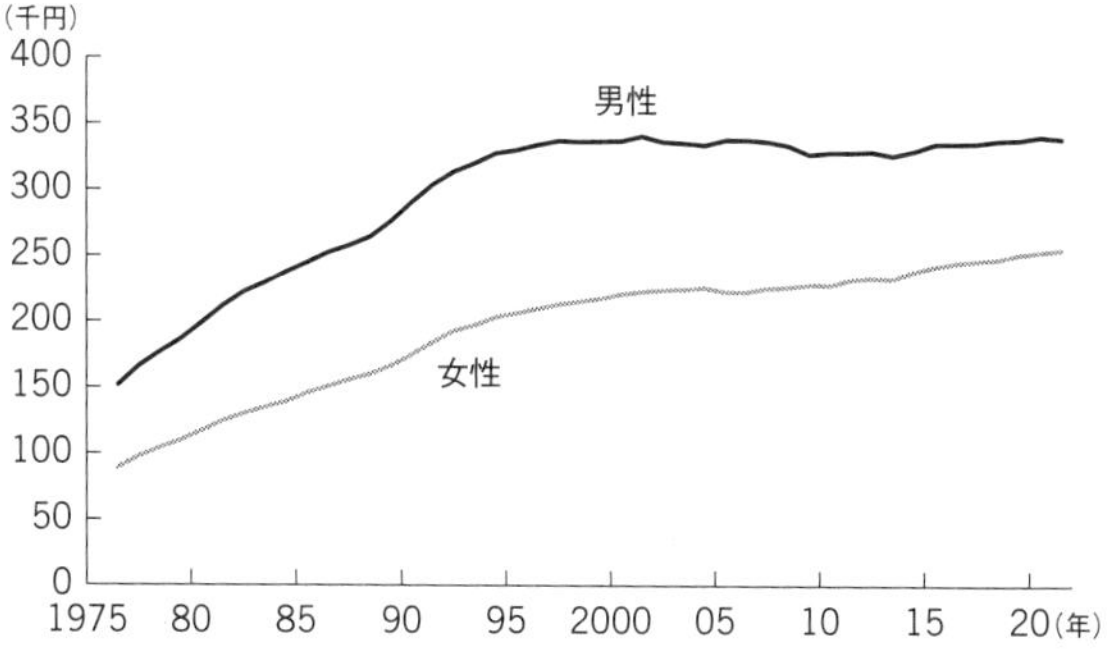

(注) 賃金は、所定内給与。一般労働者は、常用労働者から短時間労働者を除いたもの
(出所) 厚生労働省「賃金構造基本統計調査」

目賃金の推移です。このデータだけをみれば、2002年以降、男性の賃金は上がってはいないけれど、それほど大きく下がっているわけでもないという印象を受けるかもしれません。ただ、実質賃金を生まれた年代別に示した図表3−2をみてもらうと、ずいぶん印象が異なってくると思います。

図表3−2は、生まれた年代別に、各年齢層での大卒男性正社員の実質年収を示したものです。バブル世代だった1960年代半ば生まれの世代までは、おおむね実質年収は前世代をトレースした形となっていますが、それ以降に生まれた世代は、若くなるほど年収カーブが下方にシフトしていることがわかります。

おそらく、藤波さんはバブル世代ですよね。

図表3-2　出生年別、大卒男性正社員の実質年収の変化

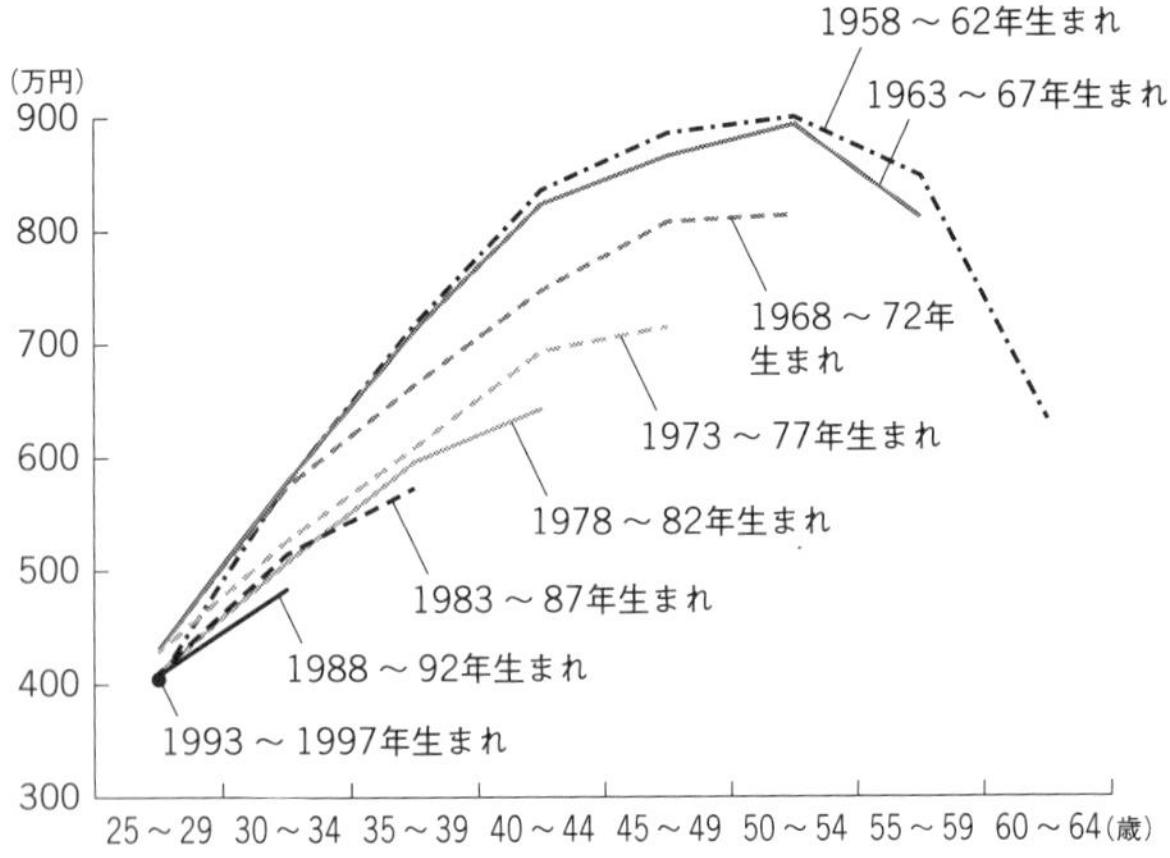

(注) 実質賃金は2020年価格。5歳刻みの年齢層の年収を5年ごとにみたが、最新のデータのみ、2017年から2021年の4年間のスパンとなっている
(出所) 厚生労働省「賃金構造基本統計調査」、総務省「消費者物価指数」

藤波さんに比べて、10歳若い団塊ジュニア世代は、40代後半の実質年収が150万円ほど少ないことがわかります。子育て世代にとって、年収の150万円という数字は大きな金額です。ここまで下がってくると、やはり結婚相手となる女性の収入は気にかかりますし、たとえ結婚しても、子どもの数を抑えようという発想になっても不思議ではありません。

藤波　これはいい図表ですね。大変わかりやすいです。このところわずかに賃金が上がっているという話も

ありますけど、図表３－２のように、世代別に実質年収をみれば、若い世代ほど低くなっていることは明らかです。大森さんはなぜこうした状況になっているのだと思いますか。

大森　名目賃金が伸びない中で、わずかながらインフレになったということでしょうか。

藤波　それもあるかもしれませんが、私は、それ以上に大きな理由が２つあると思います。1つは、いったん上げてしまった人の賃金を下げることは難しいということです。よく賃金は下方硬直性があるといいますよね。

そのため、景気悪化によって企業が支払う総賃金を抑えなければならなくなると、年配者の賃金はそのままで、本来なら少しずつ上げていくべき若い世代の賃金に下押し圧力がかかることになります。企業にとっては、賃金を上げないことは、下げるより簡単なことだからです。

もう1つ、バブル崩壊以降の日本では、大学進学率が上がる中、以前だったら大卒の人が就いていたような高度人材向けの雇用のパイがそれほど増えていないことが影響しているのだと思います。

バブル崩壊時に30％台だった男性の大学進学率は、現在6割に届こうとしています。一方で若年人口は減少傾向にありますから、バブル崩壊時のころと現在は、大学の男性在学者数はともに160万人で変わっていません。この間、女性の大学生数は2倍となっているので、大学生の総数は増えました。

大卒者の増加の一方で、日本経済は低成長が続いたため、高度人材向けの給料の高い雇用の数は増えず、少ないパイを多くの高度人材が奪い合う構図となったわけです。結局、以前であれば高卒の人が就いていたような職業や業種に、大卒者の一部が職を求めるようになり、結果として大卒男性の平均的な実質賃金を押し下げているのだと思います。

大森　それはよくわかります。高校時代の同級生の中に、大学を卒業した後、洋服が好きだからという理由でアパレルショップの店員になった友人がいます。先日久しぶりに会ったら、給料が少なく、将来も増えそうにないと嘆いていました。

宮本　女性の場合は、4年制大学に進学する人が急速に増えていますが、卒業後の就職という面では相変わらず厳しいですよ。低賃金のサービス業に就職する人が多いように感じていますし、もちろん相当数が派遣社員を含む非正規雇用です。

藤波 大卒者の一部が、給与の高い職に就いていることは間違いありません。外資系のコンサルティングファームや大手のＩＴ企業などが、とても高い初任給で優秀な人材を集めているという話はよく聞きますよね。そうした中で平均賃金が下がっているということは、格差が大きくなっているということなんでしょう。

問題は、大学に進学するのもお金がかかるということです。教育に投資したにもかかわらず、低賃金の仕事に就いてしまえば、十分なリターンを得られないことになります。しかも、現代では、多くの若者が、宮本さんが先々週お話ししていた奨学金という借金を背負って社会に出てくるわけです。将来に対して楽観的なイメージを持つことは難しいかもしれませんね。

宮本さんに限らず、奨学金の返済に追われた経験を持つ若い世代は、自分の子には奨学金を借りなくても大学に進ませたいと考えがちになるのではないでしょうか。そうなれば、子どもの数はおのずと抑えてしまうものです。

宮本　若い世代が将来に対して夢や希望を持つなどということは、本当にぜいたくなことになってしまったと思います。大学を出て、奨学金を返済しながら自己研鑽や資格取得に励み、それでも成果主義ということで、大半の人は給与が上がらないわけです。10年先をみて人生設計を立てるなどということはとうていできず、みな今日、明日、せいぜい1年先までのことで頭がいっぱいです。

藤波　先週の話に戻りますが、特に非正規雇用の人は、本当に将来が見通しづらい状況にあると思いますよ。人生設計を描くことが難しい状況で、結婚や出産に対してあきらめを持ってしまっている人も少なくないと思います。

結婚や出産に対する意欲の低下を、時代の変化や価値観の変化で片づけてしまってはいけないと思います。若い世代を取り巻く環境の悪化が、出生意欲の低下を招いているという理解が必要です。

少子化の本質的な問題はどこにあるのか

藤波　そもそも論なんですけど、お2人は、人口が減ることの最大の問題はどこにあって、なぜ少子化対策が必要なのだと思いますか。

宮本　うーん、そうですね。やはり社会保障の持続性が低下することには危機感を感じます。私たち世代では、将来年金は期待できないという話ですしね。経済成長の観点からも課題です。経済成長に重要な生産年齢人口はすでに減少していますし、今後さらに減ることは間違いありません。そうであれば当然、国内投資も期待できなくなります。

大森　投資という意味では、外資による投資も期待できなくなりますよ。私が投資家だったとしても、人口が減り続ける国に投資する気にはならないでしょう。あと、低成長が常態化すれば、海外からの労働力も入ってこなくなるかもしれません。2022年に円が安くなった局面で、外国人技能実習生が確保できなくなるのではないかという話も取りざたされました。政府は、高度人材の移民を増やしていきたいなどといっていますが、低成長の国に来る高度人材がどれだけいるのだろうと考えてしまいます。

藤波　お2人のご指摘はもっともで、それらは、どんなに難しかろうと、少子化対策に取り組まなければいけない理由であることに間違いはありません。でも、私が少子化対策を重要だと考える最大の理由は、少し観点が異なっています。

私は、前々回（第1章）で宮本さんが「経済的負担感から子どもの数は抑える」といったこと、それこそが少子化を考える上で一番大きな問題であり、少子化対策を行う本質的な理由だと考えているんです。現代の日本が、結婚して家族をつくり、子どもを育てていこうという若い世代のごく当たり前の希望が、経済や雇用の問題によってかなえられない国になっているということなんです。

もちろん、結婚や子どもを希望しない人に無理強いすべきではありません。ただ、先週の話の中でも説明した通り、結婚して子どもが欲しいんだけど、収入や雇用の現状からそうした願いがかなわないと考える人が、かなりの割合に上ることが、出生動向基本調査などからわかっています。

若い人たちが将来に対して希望を持てる国にしていくことが、私たち年配者の責務だと考えています。

現金給付を多少増やしても少子化は改善しない

宮本　今の話で、私は少しハッとさせられました。自分が、当たり前のように、収入の状況から子どもの数を抑えることになるだろうと、違和感もなく考えていることが、実はおかしなことなんだと気づかされた感じです。よく考えてみたら、ちょっと怖いです。当たり前の希望がかなえられないのであれば、それは社会が間違っているか、政策に誤りがあるということですよね。

藤波　国としては社会保障や経済成長が重要であることに間違いはないけれど、別に個人は国のために子どもを生んでいるわけではありませんからね。極論すれば、移民を大量に受け入れれば、少子化による経済分野の課題は多少なりとも解決できます。しかし、やはり日本人として、この国で家族をつくり、子を生み、育てていきたいと思えない現状にこそ問題があるのであって、そこをきちんと理解して、直していくことが必要なのではないでしょうか。

宮本　欧米では、移民が出生率押し上げの一翼を担っているといいますから、日本でもそのような発想が必要な時期は来るでしょうが、そうしたこととは別に、私も日本で生まれた以上、この国で子を生み、育てていきたい気持ちはあります。

藤波　私の価値観を押し付けるつもりはないんだけれど、少子化問題は、現代日本の最大の課題だと思っています。出産一時金を少し増やすといった付け焼き刃的な政策では、どうにもならない。

東京都の小池百合子知事が、２０２３年の年初に、少子化対策は一刻の猶予も許されないとして、都独自に、都内に住む0~18歳の子どもに1人当たり月５０００円程度を給付する意向を明らかにしましたよね。年間にすると子ども1人につき6万円となりますから、親としては助かると思いますけれど、それですぐに少子化が改善することはないと思います。若い世代が夢を持って生きていける社会を目指すべきなのであって、そのためには、日本社会の構造的な問題にメスを入れざるをえないと思います。

また、どうしたら、政治が少子化対策に本腰を入れるようになるのか、マスコミがもっと注目してくれるのか、いつも考えながらレポートを書いているんだけれど、なかなか思うようにはならない。マスコミは、国による人口統計が発表されるときなどは取り上げてくれるんだけれど、一過性なんですよね。ニュースが消費されるという言葉の通り、あっという間に通り過ぎてしまう。当然、国民の関心事となるまでには至らないし、SNS（交流サイト）でちょっと話題になってもすぐに忘れ去られる。大半の国民はもうあきらめている感じですよ。

でも、そうした雰囲気に流されてばかりいたら問題は解決しません。具体的にどのような政策が考えられるでしょうか。

フィンランドも実は日本並みの出生率に低下

大森　一般に、日本の場合は欧州諸国に比べて、子育て支援に対する公的な支出が少ないことが指摘されていますね。

藤波　そうですね。欧州のさまざまな少子化対策をみると、日本はまだまだ至らないところがありますし、政策効果のエビデンス（根拠）の蓄積が薄いことも明らかです。

宮本　欧州は、保育政策に力を入れている国が多いという話を聞いたことがあります。それ

図表3-3　OECD諸国の2010年の合計特殊出生率とその後の変化

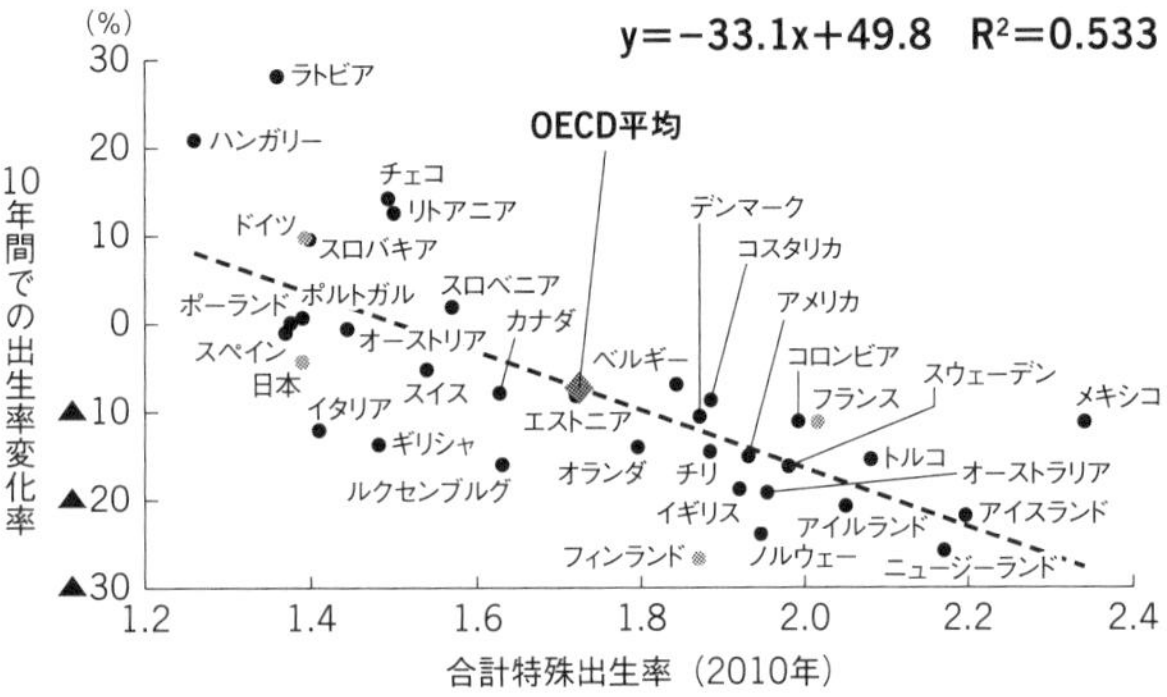

（注）韓国とイスラエルを除く
（出所）OECD「Family Database」

になって、日本でも保育所の受け入れ枠の拡充に力が入れられ、最近は東京でもほぼ待機児童問題は解消したようですね。

大森　にもかかわらず、少子化は加速。

藤波　少子化対策のモデルとされるフランスや北欧ですが、最近は再び少子化が進展しています。10年という少し長いスパンでみると、フランスや北欧でも出生率の低下は明らかです。

図表3－3をみてください。OECD（経済協力開発機構）諸国について、横軸に2010年の合計特殊出生率（TFR）をとって、縦軸に2020年までの10年間のTFRの変化

率をとったものです。２０１０年のＴＦＲが他の国々から大きく乖離したイスラエル（３・03）と、ＴＦＲの下落率が30％を超える韓国は、図表中から除外しました。

図表より、２０１０年に出生率の高かった国ほど大きな下落率を示していることがわかりますよね。例えば、少子化対策の成功例とされたフランスや北欧諸国がこれらに該当します。フランスはどうにか１・79（２０２０年）と比較的高いＴＦＲを維持しましたが、子育て支援先進国として名高いフィンランドは、１・87（２０１０年）から１・37（２０２０年）に著しく低下しています。もう日本と同じ水準です。

フランスや北欧諸国のように政策効果によって一時的にＴＦＲを高めることができたとしても、その状況を持続することには、各国とも頭を悩ましているようです。

ドイツやハンガリーなど、２０１０年にＴＦＲが低かった国の一部には、その後上昇傾向がみられた国もありますが、全体としては、低下した国（縦軸方向にマイナスの国）のほうが多い結果となりました。その結果、ＯＥＣＤ（イスラエルと韓国を除く36カ国）の平均ＴＦＲは、２０１０年の１・72から２０２０年には１・57に低下し、しかも多くの国が平均値近傍に収束する傾向がみられます。

ＴＦＲが平均値±０・１の範囲に入る国数は、２０１０年には20カ国でしたが、２０２０

年には26カ国まで増えています。統計的なばらつきを意味する分散を計算すると、2010年には0・0835でしたが、2020年には0・0288となり、この10年でばらつきが小さくなっていることがわかります。過去10年間のOECD各国のTFRは、ざっくりいって1・5近傍に収束しつつあることが観察されているわけです。

宮本　これは大変興味深いデータですね。あまり指摘されていないのではないですか。

藤波　そうですね。ただ、こうした変化は、単に表面上観察されているにすぎず、TFRが変化する要因は各国さまざまなので、私はまだ定量的に検討しきれていませんが、おもしろい研究対象だと思いますよ。

では、お2人は、TFRが高かった国々で低下し、もともと低かった国々が上昇に転じた理由として、どのようなことがあると考えますか。

経済環境が出生率を左右する現実

大森　例えば、フランスや北欧諸国のように、早い時期から少子化対策に取り組み、しっかりとした予算を付けた国々で、特段政策メニューが変化したわけではないにもかかわらず、ＴＦＲの低下が顕著なわけです。私は、こうした国々において、追加の対策が取り入れられない中で、若い世代の政策から受ける満足度が、だんだん小さくなっているのではないかと思います。どんなに優れた少子化対策も、それがスタンダードとなった後では、目新しさがなく、子どもを増やすインセンティブとはなりにくいのかもしれませんね。

宮本　私は、ドイツのように少子化対策への取り組みが遅れた国で、積極的に対策に乗り出した成果だと感じます。後発の国々は、対策の取捨選択ができるため、効率的に政策体系の構築を図りやすく、ドイツなどではその効果が出ているのではないでしょうか。

藤波　お２人とも正しいと思います。ドイツは、もともと日本と同じくらいのＴＦＲで推移していたのですが、２０００年代に入って、少子化対策先進国とされる国の政策を踏襲して保育サービスの充実に力を入れるようになりました。加えて、子どもが小さいうちは両親に時間短縮勤務や育休の取得を奨励する金銭的インセンティブを設けるなど、仕事と家庭生活において男女が対等なパートナーシップを構築し、両親がより長い時間子どもと過ごすことを目的とした家族政策への転換に取り組みました。これも、少子化対策先進国のモデルを踏襲したものです。

その他にも、欧州は人口の流動性が高くなったことが、ＴＦＲが収束する傾向を後押ししているとは考えられませんか。

大森　確かに。最近は移民を含め、欧州諸国で人口移動が容易になりました。一般に、アフリカ諸国など、ＥＵ外からの移民は、受け入れた多くの国で一時的にＴＦＲの押し上げに寄与していると考えられますが、ＥＵ内の人口移動は、各国のＴＦＲを収束させる働きをしていると考えられます。

藤波　各国における諸々の状況変化の結果、現在欧州ではＴＦＲが収束傾向にあるわけですが、もう1つ、忘れてはいけない要因があります。おわかりですよね。

大森　経済環境だと思います。

図表3-4　ドイツとフィンランドの失業率と出生率

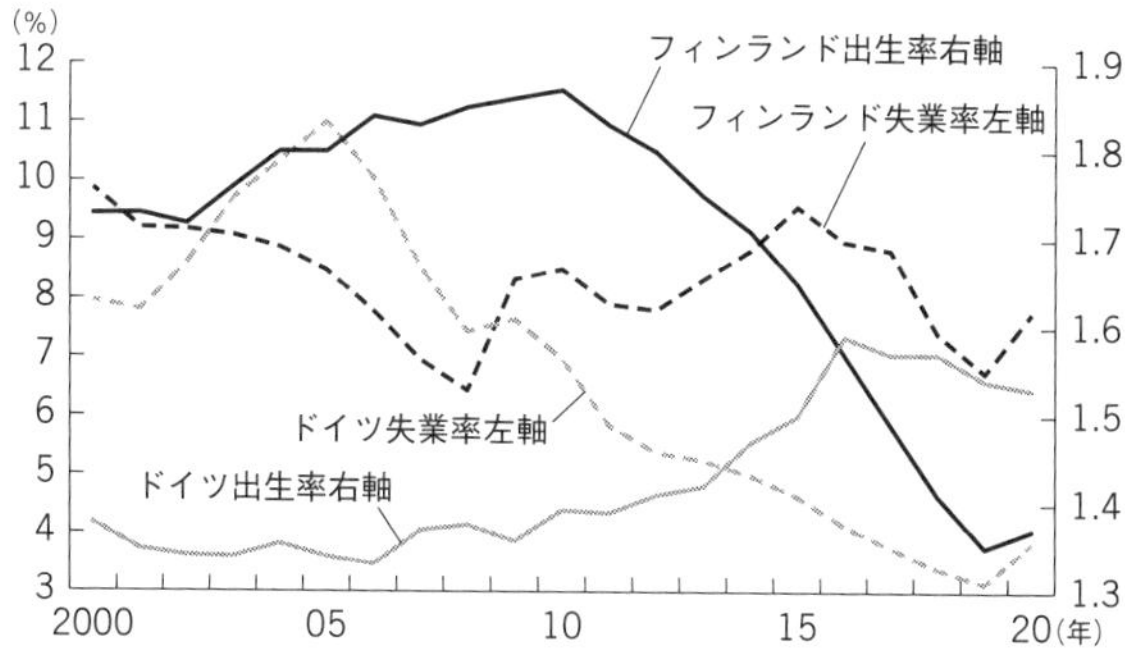

（注）出生率は、合計特殊出生率
（出所）OECD「Family Database」、IMF「World Economic Outlook Database」

藤波　その通りです。２０１０年代にＴＦＲが大きく変化した国では、経済環境が若い世代の出生意欲に大きく影響を及ぼしたことは間違いありません。子どもを生むかどうかというのは、その時々の若い世代を取り巻く経済の状況が強く影響してきたと考えられます。２０１０年代にＴＦＲが上がったドイツと、大きく下がったフィンランドを取り上げて考えてみようと思います。

図表３－４をみてください。２００８年のリーマン・ショックから２０１０年の欧州債務危機をきっかけに、ドイツは欧州経済で独り勝ちの状況となり、失業率が急速に改善し、同時にＴＦＲが顕著に上昇しています。逆にフィンランドは、失業率が高止まりの状況となり、

図表3-5　ドイツ、フィンランド、日本の実質賃金

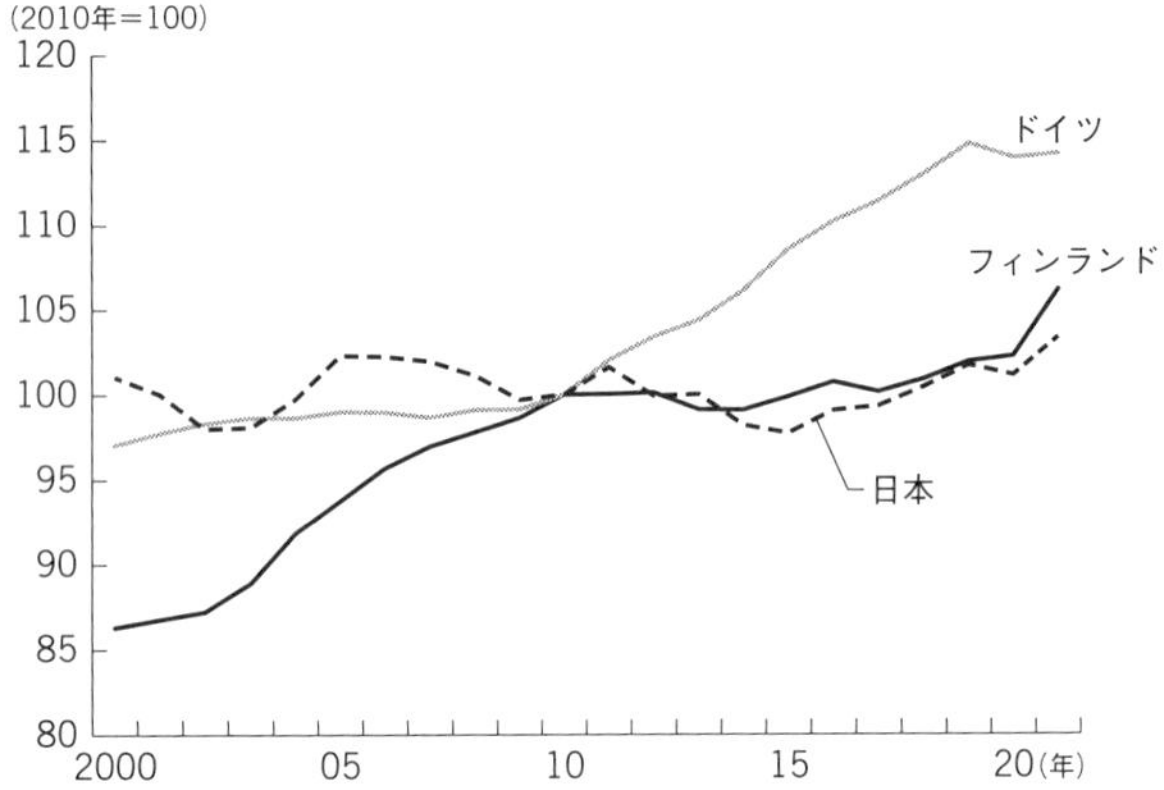

（出所）OECD

１・８を超えていたＴＦＲはみるみる低下しました。

　両国の経済状況の変化は、賃金水準にはっきりと表れています。図表３－５は、ドイツとフィンランド、加えて日本の自国通貨建ての実質賃金の推移を、２０１０年を１００として表したものです。

　ドイツでは、２０１０年から２０１６年にかけてＴＦＲが顕著に上昇しました。その時期の賃金水準の推移に注目してほしいのですが、その間ドイツでは賃金が10％ほど上昇しています。２００８年のリーマン・ショックから欧州債務危機を経て、欧州経済で独り勝ちとなったドイツでは、人手不足が顕著となり、失業率が下がり賃金が上昇しました。

一方フィンランドは、２０００年代は一貫して賃金が上昇局面にありましたが、２０１０年代に入ると横ばいに終始しました。フィンランドの賃金は、日本同様、上がらないまでも横ばいだったのだから、それほど若い世代のマインドには影響していないと思われるかもしれません。しかし、失業率は10％に近く、若い世代の雇用が厳しい状況にあったことは容易に想像されます。特に、それまでスマートフォン業界では世界一といわれていたフィンランド企業のノキアが２０１２年に倒産寸前に追い込まれ、多くの従業員が人員整理されたことは象徴的な出来事でした。多くの若者が将来に対して不安な気持ちを持ったことでしょう。

両国の経済状況が若い世代の雇用環境や暮らしぶりに影響を及ぼし、ドイツではＴＦＲが改善した一方、フィンランドは大幅に悪化しました。２０１０年代、ドイツは保育環境の改善などを中心に少子化対策に力を入れましたが、経済環境の好転もあり、ＴＦＲが上昇したと考えられるのです。

ドイツ、フィンランドから得られる示唆としてもう1つ重要だと考えられるのが、経済環境の変化にともなう出生率のレスポンスが、思いのほか早いということです。両国とも、失業率や賃金の変化にそれほど遅れることなく、出生率に変化が生じています。もちろん、経済環境以外にも出生率に影響を与える要因はあるため、一概にはいえませんが、日本においても、経済環境がよくなってくれれば、それほど遅滞なく出生率が上昇する可能性もあると考えられるのではないでしょうか。少し勇気づけられるデータですよね。

どちらにしても、日本では、バブル崩壊以降の長期にわたる低成長が若い世代の暮らしぶりを悪化させ、少子化に拍車をかけたと考えるべきです。現金給付を増やすなど、社会保障で若い世代の暮らしを支えることは重要ですが、それですべてが解決に至るとはとうてい考えられず、やはり適度な経済成長と安定的な賃金の上昇によって、若い世代が将来に希望を持てる社会をつくることが何より重要だと思っています。

人手不足なのに賃金が上がらないカラクリ

宮本　わが家は夫婦で正社員として働いていますが、このままましめにコツコツと仕事に取り組んでいれば、将来、給料が上がり豊かな暮らしを送れるようになるという実感はなく、自己研鑽のつもりで私は大学院に通い、夫は資格取得に励んでいる感じです。

大森　私は日本で働くことに希望が持てず、一時期は海外での就職を考えました。

藤波　30年にわたって低成長に有効な手を打てなかった歴代政権や、抑制的な賃金水準で良しとしてきた国内事業者の責任は免れないと思います。岸田文雄首相が、２０２３年の年頭の会見で、「異次元の少子化対策」として、児童手当の増額や育児休業制度の強化などを表明しましたが、同時に賃金の引き上げにも言及している背景には、若い世代ほど賃金が低下している現状への配慮があると思います。

今後、賃金を引き上げていくためには、なぜ賃金が上がらなかったのかということを理解することが重要です。先ほどは、若い世代ほど実質賃金水準が下がってしまった理由について考えましたよね。そこで今度は、企業の内部留保が増え続けているにもかかわらず、また時には人手不足などといわれていたにもかかわらず、図表３－１のように、平均的な賃金水準が上昇してこなかった理由について考えてみましょう。

大森さんはどう思われますか。

大森　やはり低成長だったということでしょう。経済成長に不可欠な企業の投資が低調だったため、生産性の低い仕事が温存されてしまったということだと思います。

宮本　今、藤波さんが、内部留保の話をしましたけど、私はそこに問題があると思っています。バブル崩壊から金融危機などを経て、企業が投資や賃上げに憶病になり、内部留保を蓄えることで、不測の事態に備えるようになったということでしょう。

藤波　どちらも正解ですし、専門家に聞けば、他にも理由を挙げてくれると思います。ただ、私は日本が、人手不足であれば賃金が上昇するという当たり前のことを、官民が否定し続けてきたことに主因があると思っているんです。

ちょっと遠回しの言い方になりましたが、先ほどの図表3－5からわかることは、ドイツは日本よりもよっぽど失業率が高いにもかかわらず、趨勢《すうせい》的に失業率が下がる状況のもとで賃金が上がっていましたよね。ちなみに、2000年以降の日本の最も高い失業率（年平均）は2002年の5・4％で、2017年以降は2％台で推移しており、絶えずドイツよりも低い状況にありました。にもかかわらず賃金が上がらないのには、何かカラクリがあるわけです。

特に、2003年からリーマン・ショックがあった2008年ごろまでと、2012年以降は、景気が回復傾向となり、明らかに人手不足といってよい時期でした。かろうじて２００５年前後は賃金の微増がみられたものの、２０１５年に至っては、失業率は低下傾向、有効求人倍率は１・８倍と高い水準にあったにもかかわらず、賃金は２０１０年対比で２・３％も低い水準にありました。

こうした状況がもたらされた要因の１つに、私は、人手不足だという産業界の声に応え、政府が賃金の安い労働者の供給を増やす取り組みを行ってきたことがあると思っています。その一例が外国人技能実習生や非正規雇用の増加です。

外国人技能実習制度は、実習とはあるものの、実質的には日本の人手不足を補う労働力として、外国人を受け入れるものです。すでに１９９０年代には「研修」という名目で導入されていましたが、２０１０年に在留資格として「技能実習」が設けられました。その後受け入れ職種も増え、東日本大震災が起こった２０１１年を基点にすると、「技能実習」による在留外国人の数は3倍以上の40万人強（２０２０年）に上っています。当然賃金は低く、平均賃金は日本人の高卒初任給を下回る16・４万円です。中小企業が多く、賃金を容易に上げることができない職種や地域で、積極的に技能実習生が採用される現状にあります。

宮本　いや、これは実感しますよ。いつだったか、冬の瀬戸内海を夫婦で旅行したときの話ですが、私の好きなカキの産地に行ったとき、貝殻に付いたごみとりやカキむき作業を、地元のおばさんたちに交じって若い外国人が黙々とやっているのが印象的でした。完全に機械化というのは難しいのかもしれませんが、あそこまで人海戦術でなくてもいいのではないかと思ったのを覚えています。

大森　それをいったら農業も同じですよ。私の出身の長野県でも、多くの外国人技能実習生が、各地の農場で不可欠な存在として働いています。畑作農家の友人に聞いたところ、そもそも地元出身の日本人で農業への従事を希望する人がほとんどいないということもあるようなんですが、たとえいたとしても、日本人に普通に給与を払っていたら、生産コストが上がってしまって、他の産地に負けてしまうのだといっていました。

藤波　外国人技能実習制度に関しては、待遇面でさまざまな問題が指摘されており、たびたび制度改正が行われてきましたが、根本的な解決には至っていません。大半の企業ではしっかりとした受け入れ態勢のもと適正に雇用されているようですが、一部の企業では低賃金の長時間労働が常態化しているとされ、問題があることは間違いありません。

労働者の国際的な争奪戦が激化する傾向にありますから、今後、実習生を確保していくことが難しくなることは確実です。先ほど大森さんもいっていた通り、すでに２０２２年の円安局面で、制度の持続可能性に疑問符が付きました。

非正規や高齢労働者の増加も賃金を下押し

宮本 非正規雇用については、思うところがあります。非正規雇用といってもいろいろあって、なんらかの制約によってフルタイムで働くことができない人が就いている場合もありますから、まったくダメとはいいませんが、同一労働・同一賃金の原則に反する状況で、女性労働者の半数が非正規雇用の状況にあるというのは納得できません。

先日、藤波さんが話してくれたように、非正規雇用の女性で出生意欲が低下しているわけですから、ここを改めていくことは少子化対策として重要だと思います。

藤波 そうですよね。非正規雇用のうち派遣労働者に注目して、その導入から現在に至る経緯を簡単にお話ししましょう。派遣労働者の権利保護の観点から、１９８６年に労働者派遣法が施行されました。当初は、専門知識が必要な13職種に限定されましたが、その後は、産業界の求めに応じて対象となる職種が拡大されていきます。１９９９年には、対象職種のネガティブリスト化、すなわち非対象職種を指定する方式に変更され、建設・港湾運送・警備・医療・士業・製造業以外は、原則派遣が解禁されます。さらに２００４年には、ネガティブリストにあがっていた製造業でも解禁されるなど、派遣労働者の職種は拡大されていきました。

労働者派遣法が制定された当時は、専門知識を必要とする職種のみが対象となっていましたが、これは専門知識を生かして働く人材は、さまざまな企業で流動的に働いたほうが効率的だと考えられたわけですね。「柔軟な働き方」という発想で、まあ、これには一理あるとは思います。

しかし、特段、専門知識を必要としないような幅広い業種に派遣労働が広がっている現状では、人手不足の状況でも人手を確保しつつ、賃金を抑えるために存在する制度とみることが可能です。少なくとも、派遣労働者を受け入れている企業の大半が、そのように考えていると思います。

その後、派遣労働者の権利の保護などに向けて、たびたび制度改正が進められてきましたが、派遣という制度を抜本的に見直すことはありませんでした。特に、小泉純一郎首相（当時）のもとで設置された総合規制改革会議の進言を受けた、製造業における労働者派遣事業の解禁（2004年）以降、派遣労働者の数は劇的に増えることになりました。
　後に「不本意非正規」などという言葉も語られるようになりましたが、非正規労働者の多くが不安定な立場と低賃金によって、まさに「結婚どころではない」という状況に追いやられていったのだと思います。

大森　私は、労働市場への高齢者の参入増加も、日本の賃金低下に影響を及ぼしていると思います。結果的に低賃金労働者の供給を増やすことに貢献したと思うのですが、以前だったら若者の職場とされていたようなところに、高齢者がどんどん参入してきていることを実感しています。大学の学部生のころ、某ファストフード店でアルバイトをしていたのですが、その店の採用担当の社員さんに聞いたところ、以前に比べると高齢者の応募が増えているという話でした。国民年金だけでは生活が成り立たず、働かざるをえない高齢者は決して少なくないのではないかと思います。

図表3-6　生産年齢人口の推移と今後の見通し、および就業者数の推移

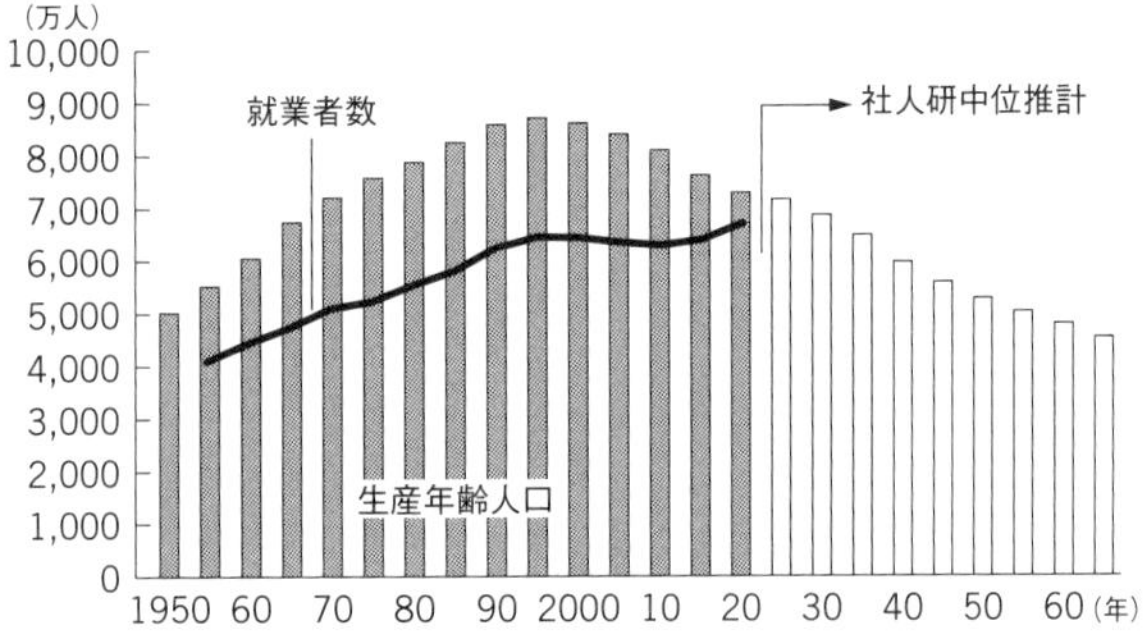

（注）見通し部分は、国立社会保障・人口問題研究所の中位推計による
（出所）総務省「国勢調査」、「労働力調査」、国立社会保障・人口問題研究所「日本の将来推計人口（2017年推計）」

藤波　そうですね。図表3－6に示した通り、日本の生産年齢人口は1990年代をピークにずっと減少傾向にあります。こうした状況から、将来の人手不足を懸念する声が高まってきたわけですが、実際には、女性と高齢者の労働者が増え、就業者数は減ることなく、微増傾向で推移しています。もちろん、外国人労働者も増えてきていますしね。女性はともかく、高齢者に関しては低賃金で働く方が多いわけですから、彼らの労働市場への参入増加が、賃金の下押し圧力となった可能性はあります。

大森　以前、経済学の先生が、賃金は失業率と強い相関があるという話をしていました。日本は世界的にみても低い失業率にもかかわらず、

賃金が上がっていない特殊な国なんですよね。

藤波　横軸に失業率、縦軸に賃金上昇率をとったフィリップス曲線の話ですね。既存研究では、一時期ドイツでも、失業率の低下にもかかわらず、賃金が上がりにくくなり、徐々にフィリップス曲線がフラット化しつつあるというようなことがいわれていましたよ[3-1]。

これには、さまざまなマクロ環境の変化が関係しているわけですが、その1つの要因として非正規雇用や移民の増加も挙げられると思います。とりわけ欧州では、低賃金でもいとわず働く移民が増えてくると、賃金はどうしても上がりにくくなりますよね。まあそれでも、先ほど話した通り、日本のように失業率や求人倍率の変化に賃金がまったく反応しなくなるほどまでにはなっていないとは思いますが。

人口減で経済はどこまで縮むのか

宮本　先ほど藤波さんがいわれた、日本の就業者人口は減っていないという話には驚きました。生産年齢人口は1990年代にピークアウトし、産業界は人手不足ということをアピールしているので、働き手はどんどん減っているとばかり思っていました。

藤波　女性の活躍支援ということが、このところの歴代政権の合言葉のようになっています。女性の活躍を支援する背景には、有能な女性の能力を生かすべきという発想や、家事負担が極端に女性に偏っている日本の現状からの脱却とか、さまざまな理由があるでしょう。

しかし、日本はすでに、女性に働いてもらわなければ、国の経済が維持できない状況になりつつあるのです。高齢者雇用も、元気な高齢者の生きがいづくりとか、年金が少ない人が多いという問題とともに、もう高齢者にも働いてもらわなければ困るということもあると思います。

実際、女性や高齢者、さらには外国人のおかげで、日本の就業者人口は減っていません。しかし、それもそろそろ限界です。女性の労働力人口比率はすでにアメリカやフランスを上回っていることから、今後もこれまでと同じペースで女性の就業者数が増えていく見込みは薄いと考えられます。また、2015年に1750万人いた前期高齢者は、2025年には1500万人に減少します。その後、団塊ジュニアがこの世代に差しかかってくる影響で、しばらくは急減することはありませんが、それでも働ける高齢者は減少していくのです。

これから本当の人手不足が来ると考えたほうがよいでしょう。介護や飲食・宿泊など、す

図表3-7　人口減少が実質経済成長率に及ぼす影響（イメージ）

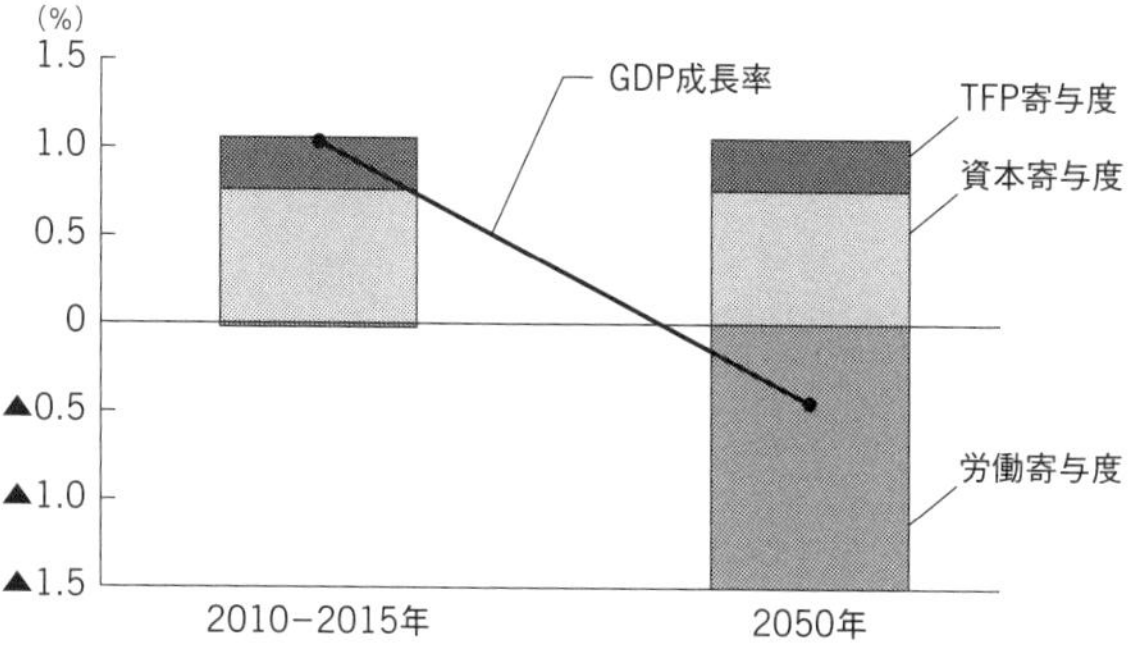

（注）見通し部分の人口データは、国立社会保障・人口問題研究所の中位推計
（出所）内閣府の国民経済計算の各種データ、国立社会保障・人口問題研究所「日本の将来推計人口（2017年推計）」

でに一部の業種では人手不足となって久しい状況にありますが、あらゆる産業や職場で、人が足りなくなる時代が到来すると考えることが必要ではないでしょうか。

宮本　労働力不足による日本経済への悪影響も、これから本格化してくるということなんですね。

藤波　日本の経済成長の現状と、将来における労働力不足の影響について理解してもらいやすくするため、イメージ図として図表３－７を作ってみました。これは、日本の実質経済成長率を、資本投入の伸び（資本寄与度）と労働投入量の伸び（労働寄与度）、全要素生産性

（ＴＦＰ）の伸び（ＴＦＰ寄与度）に要因分解したものです。図表中、左側が２０１０年から２０１５年の実績の年平均で、右側は２０５０年の試算です。ちなみに、ＴＦＰというのは、実質経済成長率から資本と労働の伸びの寄与分を除いた残差として計算され、一般に技術革新や社会システムの高度化などによる経済成長への寄与分とされます。

なお、計算を簡略化するために、通常、総労働時間で計算するところを、ここでは就業者人口で代用しています。また、２０５０年の試算では、労働寄与度のみが変化することを想定し、資本投入やＴＦＰの変化は生じないとして表しました。さらに、これ以上、女性や高齢者の就業率が上昇することはないと仮定し、就業者人口の変化率は、15〜74歳の総人口の変化率に一致するとしてあります。仮定だらけで説得力はないんですけれど、まあポンチ絵程度に思ってください。

この図表から、２０１５年ごろまでは、就業者数がほとんど増えない中でも、資本とＴＦＰの伸びによってどうにか年率１％程度の実質経済成長率が維持されてきたことがわかります。ところが、２０５０年には就業者数が年率▲１・５％のペースで減少するため、たとえ資本やＴＦＰの寄与を維持することができたとしても、実質成長率は▲０・45％のマイナス成長となってしまいます。

大森　このような図をポンチ絵というのですか。初めて聞きました。

藤波　あれ？　いいませんか、ポンチ絵。概念図的なものです。手書きのものが一般的かな。

大森　勉強になります。このポンチ絵では、便宜的にＴＦＰや資本の伸びの寄与は変わらないと仮定してありますが、実際には、若い世代の人口が恒常的に減少する社会では、技術革新など社会の高度化を意味するＴＦＰの伸びを維持することは容易ではないと思います。先端技術は、開発するのも利用するのも、まずは若者です。社会が高齢化すれば、ＴＦＰの伸びが低下することは火をみるより明らかです。もちろん、人口減少下の日本国内で、資本投入額を維持することも容易ではなくなるため、実質経済成長率は、さらに低い水準になってしまうのではないでしょうか。

人口減少によって、経済が恒常的にシュリンクする時代が、もう間もなく到来するということなんですね。２０５０年といえばあと30年ないわけで、当然、私はまだ現役世代ですよ。ますます不安になってきました。

藤波　マイナス成長になっても、1人当たりのGDPが減らなければ問題はないという見方もありますけれど、例えば既存の道路や橋、トンネルなどのインフラを維持・補修していくこと一つとったって、国全体が経済成長しない状況では、その負担がどんどん若い世代の重荷になっていきますよ。本当は人口減少に備えて、インフラの取捨選択をしなければいけない時期なんですけど、いまだに増やし続けています。

ちょっと話が大きくなってしまいました。あまりに先のことを考えすぎて、身動きが取れなくなってしまってもいけません。若い世代の将来不安は、少子化に拍車をかけかねませんからね。

とにかく、今の日本における少子化の問題の所在は、若い世代が、この国で家族を持ち、子を生み、育てていきたいと思えない現状にあるのだと思います。そこをきちんと理解して、総力戦で改めていくことが必要なのではないでしょうか。なるべく早い時期に経済を成長軌道に乗せるとともに、体系的な少子化対策を構築し、出生率を回復させ、出生数減少に歯止めをかけていくべきだと考えています。

また機会があれば、少子化以外のテーマでもかまいませんから、ディスカッションしましょう。

宮本・大森　ぜひお願いします！

【注】

3―1　三井住友信託銀行 調査月報 2013年11月号「ドイツでは内需拡大の好循環が生じるか」

第 4 章

2030年までが最後のチャンス

日本総合研究所の応接室。某新聞社論説委員の斎藤と、日本総合研究所の上席主任研究員、藤波が話をしている。藤波は、これまでも少子化に限らずさまざまなテーマでたびたび斎藤の取材を受けており、旧知の仲。斎藤も、論説委員として社説のテーマに幾度も少子化を取り上げており、知識は十分だ。

保育所を充実させても少子化は止まらない

斎藤　藤波さん、今日はお時間を取っていただきありがとう。藤波さんのレポートは、リリースのタイミングで必ず読んで、活用させてもらっています。このところ精力的に取り組んでおられる少子化問題のレポートについては、本当に勉強になります。

それで今日は、少子化対策で今後、子どもは増えるかどうかということの一点について、お考えをお聞きしたいと思って来たんです。小池百合子・東京都知事が、２０２３年の年頭の会見で、都の独自施策として０~18歳の子どもに１人当たり月５０００円程度を給付する意向を明らかにしたじゃないですか。所得制限なしで。国も「異次元の少子化対策」として、現金給付を増やすことを示唆していますよね。さらに2023年3月末に、少子化対策のたたき台を取りまとめましたが、そこでは、児童手当の年齢や所得の制限を撤廃する方向性を示しました。また、多子世帯を手厚く支援していく方針であることにも言及しています。

実際、こうした子育て世帯にいくばくかのお金を配る取り組みで、出生数の減少はどれほど抑えられるんでしょうか。

藤波 これはいきなり核心ですね。まぁ、やってみないとわからないところはあるんですけれど、正直なことをいうと、東京都の給付で少子化が改善するかといえば、私はかなり難しいと思います。もちろん、これで助かる人は少なくないと思いますよ。家計の問題で、習い事や塾に行かせられない世帯でも、行かせられるようになる場合もあるでしょう。

月々5000円ということは、年間6万円でしょう。15歳までで、所得制限などがあるとはいえ、すでに児童手当が月々1万円以上出ているわけです。ゼロの状態から5000円だったら多少はインパクトがあったとは思いますが、実際には50％増程度にしかならないので、ちょっと弱いかなという感じですかね。

斎藤　藤波さんは、保育所の充実だけでは少子化は止められず、現金給付とのバランスが重要というようなレポートをかなり前から出していましたよね。ということは、今の現金給付を増やしていこうという流れ自体には違和感はないわけですよね。

藤波　その通りです。以前からいっているように、少子化が加速する原因は若い世代の経済・雇用環境の悪化にあるわけですから、現金を給付する方向性は正しいと思います。

問題は、その金額ですよ。斎藤さんはすでにご存じだと思いますが、年間6万円程度では穴埋めできないほど、若い世代の所得水準は下がっているわけです。第3章の図表3－2は、某大学の大森さんという大学院生が作ってくれたものなんですけど、大卒男性正社員の各年齢層での実質年収を世代別に示しています。バブル世代である私と、10歳下の団塊ジュニアの世代で比べると、40代後半の実質年収で、団塊ジュニア世代のほうが150万円ほど少ないことがわかります。40代後半で150万円少ないと、生涯年収ではおそらく2000万円ほどの差がつくことになります。

斎藤　この図表はいいですね。生涯年収で2000万円少ないという話だけど、これは1人の子を生んでから大学卒業までにかかる総費用とされる金額に匹敵しますよね。しかも、団塊ジュニアより下の世代は、さらに低いじゃない。

藤波　例えば、子どもが２人いる世帯に対して年間１５０万円を支援することを考えれば、子ども１人当たり毎月６万円以上の給付が必要となる。児童手当を倍増しても難しいですよね。

そもそも少し前までは、現金給付は出生数を増やす効果としては小さいというのが、研究者の間での一般的な認識だったんです。10年ほど前、こうした議論が盛んに行われ、欧州の子育て支援先進国でも取り組まれている保育環境を充実する現物給付のほうが、少子化対策としては優れているという結論に至りました。その認識のもと、日本でも保育環境の整備や育休取得推進が実践されてきたわけです。

例えば、京都大学の柴田悠《はるか》准教授は、著書『子育て支援が日本を救う』[4-1]の中で、ＯＥＣＤのデータを用いて合計特殊出生率に影響を与える要因について検討しています。結果としては、移民の受け入れ[4-2]と保育の充実のみが出生率に対して有意に正の因子であり、その他、経済的な要因や住宅補助、児童手当は有意ではないと結論づけられています。

ただ、ご存じの通り、すでに待機児童問題はほぼ解決しましたが、出生率・出生数とも低下が止まっていません。保育所の充実に国が予算を付け始めた2010年代中ごろから、少子化が加速傾向にあるのはなんとも皮肉です。政府としては、どうすれば少子化が止められるのかがよくわからず、手探りの状況にあることは変わっていません。

保育所の充実が少子化対策としてまったく意味がなかったかといえば、私は必ずしもそうとは思っていないんです。働きながら子育てできる環境は、少子化対策のスタートラインです。多くの子育て世帯にとって望ましいことであるのは間違いありません。おそらく、保育施設の充実による出生率押し上げ効果以上に、その他の要因、例えば経済環境の悪化やジェンダーギャップによる出生意欲の低下などの影響が大きかったと考えられます。

斎藤　いや、こうした実証研究については、多くの場合、OECDの主要構成国である欧米のデータが用いられている場合が多いじゃないですか。欧米で効果があったからといって、その政策が、経済状況はもとより、宗教や家族のあり方、結婚に対する意識などがまったく異なる日本で効果を発揮するとはとうてい思えませんよ。ほらよくあるじゃない、フランスなどでは非婚カップルから生まれる子どもが多いから、日本でもそうしたオープンな家族観を受け入れていったほうがいいというやつ。にわかには信じがたいですよね。

藤波　確かにね。合計特殊出生率が０・８を下回った韓国をはじめ、東アジアの国々は軒並み出生率が低いわけだけれど、欧米とは異なる要因が少子化に影響を及ぼしていることは間違いないですよ。例えば家族観やジェンダーギャップなどは、欧米と東アジアは明らかに異なりますからね。

結果として、保育所の拡充が少子化を食い止められなかったわけで、最近は現金給付を支持する学者も増えています。行政ができることは限られているということもあり、議論はどこまで児童手当を増やせるかということに移っている感じですよね。

近ごろは、欧米のデータを根拠としたものだけではなく、実験経済学というのでしょうか、日本人を対象とした実験によって、経済支援が少子化解決に有効という論を述べている先生もいらっしゃいます。例えば、中京大学の松田茂樹教授は、被験者に対してさまざまな支援策が書かれたカードを提示することで、支援策の差異が有配偶者の出生意欲にどれだけ影響を及ぼすかを定量的に分析し、経済支援策が有効であることを示しています[4-3]。

まあ、いろんな意見がありますから、冒頭で述べた通り、「やってみないとわからない」ということなんです。金額の多寡によっても効果は異なってくるでしょうしね。
政府としても、保育環境の整備や男性育休の制度設計については道筋をつけたということで、若い人たちの賃金が伸びないなか、毎月6万円は無理でも、子育て世帯を少しでも支援するために、児童手当などの現金給付を増やそうということなんでしょうね。

非正規の女性は結婚・出産の意欲が低い

斎藤　財源をどうするかとか、金額をいくらにするかとかの問題はあるけれど、藤波さんは、若い世代の賃金水準を引き上げたり、経済支援を充実したりすれば、ある程度、少子化問題は解決すると思っているわけですね。

藤波　いやいや、それほど簡単ではないでしょう。まず1つ、雇用環境の改善も重要です。ご存じの通り、女性の過半数が非正規雇用で働いているわけですが、彼女らの結婚・出産に向けた意欲、私はこれを総称して出生意欲と呼んでいますが、この出生意欲の低下が顕著です。
図表4－1をみてほしいのですが、これは、雇用形態別に、未婚女性の希望子ども数を表

図表4-1　未婚女性の希望子ども数（2015年まで）

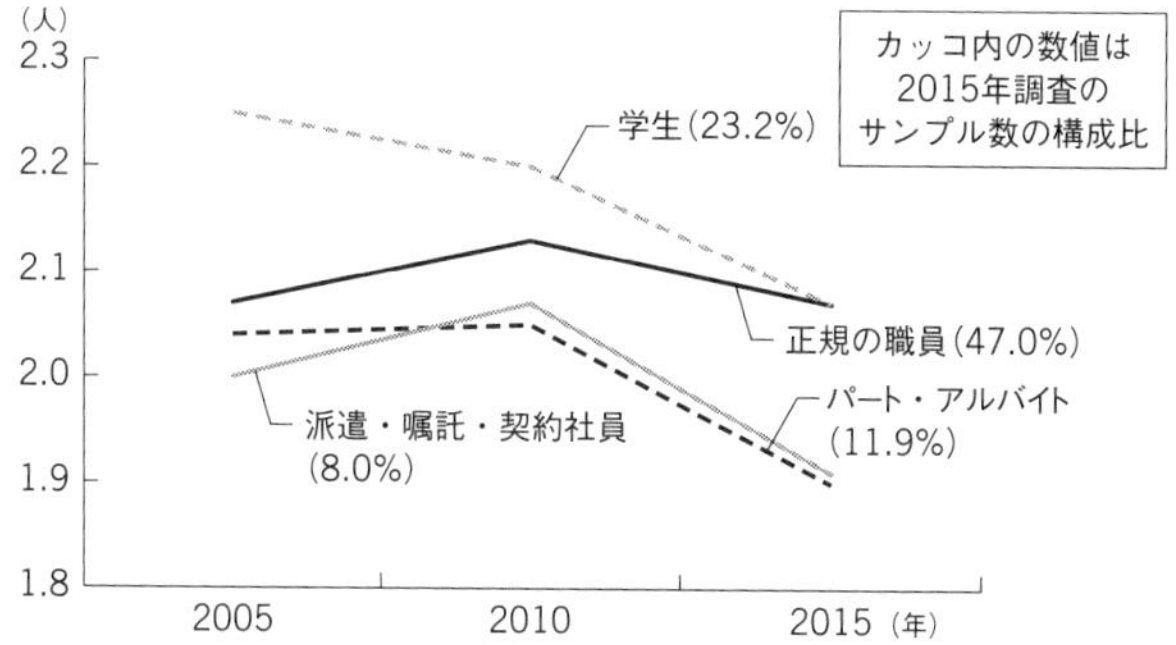

（注）18〜34歳の未婚女性
（出所）国立社会保障・人口問題研究所「第15回出生動向基本調査」

しています。正規雇用の女性に比べて、パート・アルバイト、派遣など非正規雇用の女性のほうが、希望子ども数が顕著に低下していることがわかります。将来、結婚をしないと考える女性の比率も、非正規雇用のほうが高いことがわかっています。

斎藤　女性の雇用形態によって、明確に結婚・出産に対する意識に差が生じているというのは驚きです。

藤波　最近、若い世代の価値観の変化から、生涯未婚を希望する人が増えているという状況にはあるわけですけれど、18〜19歳の女性に聞けば、そうした意向を持っている人は、10％台にすぎないことがわかっています（第2章の図表2−3参照）。すなわち、多くの女性が、社会に出て働いているうちに、特に非正規雇用の女性で、結婚・出産への意欲を失っているという状況にあると考えられます。あきらめが広がっているということなんでしょうね。不安定な雇用環境の改善は欠かせません。

斎藤　そういえば、以前、連合（日本労働組合総連合会）に取材したことがあるんですが、女性が最初に就職するときに、正規雇用か非正規雇用かで、その後の結婚・出産の状況が大きく変わってくるといっていました。初職が非正規雇用の人は、結婚・出産をする割合が明らかに低くなるそうです。

藤波　私もあれには驚きました。あのデータはレポートで引用させてもらったことがありますよ。ちょっと待ってくださいね、ああ、これこれ。

図表4−2は、連合が2022年に実施した、現在、非正規雇用で働く20〜59歳の女性を対象としたアンケート調査の結果です[4−4]。「配偶者あり」は、初職が正規雇用の場合63・6%でしたが、非正規雇用では34・1%にとどまっています。また、「子あり」は、初職が正規雇用

図表4-2 初職の状況別、非正規で働く女性の結婚・出産の状況

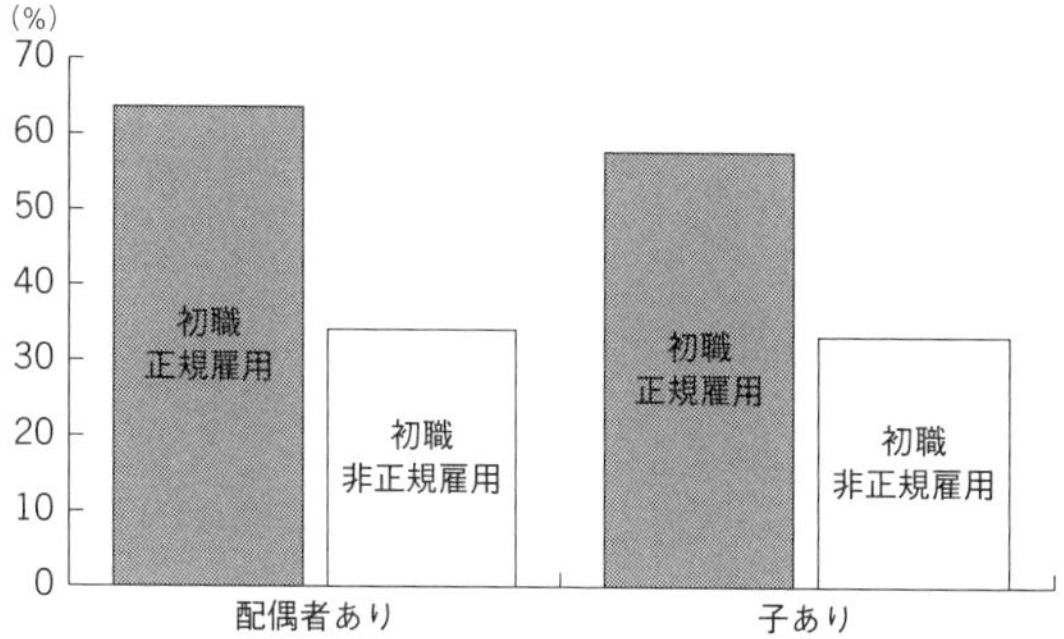

(注) 初職とは、学校を出て初めて就いた仕事
(出所) 連合「非正規雇用で働く女性に関する調査2022」

の場合は57・7%でしたが、非正規雇用では33・2%です。

このアンケート調査は、現在、非正規雇用で働いている女性だけを対象としたものですので、多少バイアスがかかっている可能性はあります。しかし、賃金の低さ、雇用の不安定さ、キャリア構築の難しさなど、非正規雇用の悪い面が、若い人たちの人生に対して悪影響を及ぼしていることは間違いありません。特に最近は、男性の賃金低下を背景に、5割近い男性が、結婚相手となる女性の経済状況を気にするといっています。こうしたことも、非正規雇用で働く女性の結婚に至るハードルを高めていると考えられます。

斎藤　先日、新聞に50歳女性の27％が子どもを生んだ経験がなく、先進国でも群を抜いて高いという記事が掲載され、結構話題になっていましたよね。日本のこの数値はいまだ上昇傾向にあるとされていましたが、ここまで藤波さんが示してくれた一連のデータは、こうした生涯無子女性の増加を裏づけるものといえそうです。

藤波　女性の非正規雇用については、社会的にあまり問題視されない風潮があります。それはおそらく、出産して子どもから手が離れたら、非正規雇用で仕事に復帰するというイメージが多くの国民に刷り込まれてしまっているからではないでしょうか。でも、これっておかしいですよね。子育ては女性がするもの、という固定的な役割分担意識にもとづいた発想です。

今後は、男性が長期の育休を取得する場合も増えてくるでしょう。もし男性が、少し長めの育休後に、理由もなく降格処分にされたり、給料を下げられたりしたら、納得できますか。あるいは妻の出産を機に、男性が仕事をやめなければならないような雇用慣行があったとすれば、だれもがおかしいと考えますよね。男女にかかわりなく、育休後に安心して職場復帰できる環境が必要です。

また、現実には、社会人のスタートを非正規雇用から切る女性も少なくありません。そうした女性が、先輩の女性たちが徐々に結婚や出産に対して希望を失っていくさまを目の当たりにするわけです。雇用のあり方が、結婚・出産にネガティブな影響を及ぼしているということを忘れず、改善していくことが必要です。もちろん、非正規雇用は女性だけの問題ではないので、男性についても考えていく必要はありますよね。

相変わらず犠牲になる女性のキャリア

斎藤　性別による固定的な役割分担意識ね。それについては耳が痛いなあ。うちは職場結婚だったんだけど、子どもができたタイミングで、話し合って妻は仕事をやめることにしました。妻は正社員で、育休制度はもちろんあったんだけれど、まあ、時代が時代ということもあって、周りもそんな感じだったし、あまりよく考えず、子どもと妻にとってそれがいいだろうって。妻はそのまま専業主婦に。それで子育ては妻に任せっきり。新聞記者が長かったから、子どもと夕飯を食べるのなんて、週末だけだったな。

今考えてみれば、妻もそのまま働き続けてもよかったんだよね。たまに、いい仕事をしたときなんか妻にその話をすると、よかったねといって聞いてくれるんだけれど、なんとなくおざなりに感じたこともあったんだよね。それは興味がないというより、彼女自身が仕事をやめてしまったことに対する後悔みたいなものがあるのかなって感じたこともある。それに、子どもを立派に成人させた大仕事に対して、夫である私や周囲の感謝がみえてこないことへの無念さみたいなものもあるのかもしれない。なんか、この年になってようやく気づいた感じです。

藤波　男性は、子育ては女性がしたほうがいいと思い込むことで、精神的な逃げ道をつくっているのかもしれませんね。子育てと同じくらい仕事を大切に思っている女性がいて、そのパートナーである男性がそれを知っていながら、彼女のキャリアが失われることについては、「そのくらい子育ては大切でやりがいのあるもの」として、自分自身に免罪符を与えているのかもしれません。

斎藤　子どもが生まれると、結局、女性のほうが仕事をセーブするのが当たり前という風潮が依然としてあるもんね。わが家の話はさておき、最近は私も、男性育休の取得支援なんかを記事にすることがあったり、管理職になって部下が育休の取得を申請してくることが増えてきたりして、男女平等の子育て参画や女性のキャリア構築を意識するようになってきたわけですよ。

当たり前だけど、マスコミ業界でも、最近は女性の社員が増えてきている。で、女性社員は、妊娠すると産休、育休を1年くらい取る人が多いんですけれど、おめでたい話なので、私としては、育休という制度をフルに使って子育てをがんばって、などというわけです。

ただね、その女性社員に聞くと、配偶者は育休を取らないっていうパターンがほとんどなんですよ。まあ、取っても数日だけでしょ。それで納得しているのって聞くんだけれど、夫が勤める会社では、男性育休は取っている人がいないといわれたとか、取ったら出世に響くとかで、彼女も納得せざるをえないわけです。多分、わが社の男性陣なんかも、特に記者たちは、なかなか育休は取れないんじゃないかと思います。キャリア構築を考えたら、長期のブランクを開けたくないのは、女性も同じなんだろうけれどね。

男性の育児参加が、少子化のみならず、女性のキャリア構築に重要だということが広く知られてきているにもかかわらず、日本の実態はまだこんな感じです。

藤波 男性育休取得と出産・育児期の女性のキャリアロスの問題ですよね。最近は、男性育休の取得促進に向けて制度の充実が図られているけれど、実際の取得状況は厳しいものがありますよ。

厚生労働省の2021年度の雇用均等基本調査によれば、女性の育休取得期間は、1年〜1年半が最も多くて、それ以上取る人も増えています。一方、男性は2週間以内が過半数を占め、それらを含めても、取得率はおよそ14％にすぎません。まったく取得しない人も含めて平均日数を計算すると、男性は女性の1・8％しか取っていないことになります。まあ、ゼロに等しいですね。育休などと大層なことはいわなくても、有給休暇でカバーできるレベルです。

2010年代に出生率が上昇したドイツでは、保育所の整備と経済環境の好転が若い世代の出生意欲を高めたと考えられていますが、同時に育休に対する金銭的な支援も制度化され、男女が共に子育てにかかわれる環境を目指したことも評価されていますよ。

斎藤　日本では、男性を含め育休制度はどんどんよくなり、諸外国に比べてもいいものができつつあるように思いますが、実際の運用がまったくなっておらず、企業側の意識改革にも遅れを感じています。もちろん男性も、父親としての自覚とともに、妻と対等のパートナーである夫として、家庭に向き合う意識を高めていくことが求められるでしょう。

まあこれは、今だからいえることで、自分が子育てをしているときには全然ダメでしたけどね。だから、えらそうにいえる立場でないことはわかっています。

家事・育児負担の男女差はいまだに大きい

藤波 今の話の流れでいうと、女性に関してもう1つ忘れてはいけない問題があります。それは、依然として女性のほうが家事・育児負担が大きいということです。共働き夫婦でもそうですよね。

斎藤 そういえば、「日本の女性は世界で最も睡眠時間が短い」なんていうテレビコマーシャルがありましたよね。

藤波 ありましたねえ。あのデータの出典はＯＥＣＤで、実際そうしたデータベースがあるんですよ。[4-5] データベースに記載された先進30カ国の話です。ただ、このデータベースでは、日本は男性も最も短く、女性より1日当たり13分長いだけですから、短時間睡眠は、まあ日

図表4-3　男女別、時間の使い方（末っ子が6歳未満の共働き夫婦）

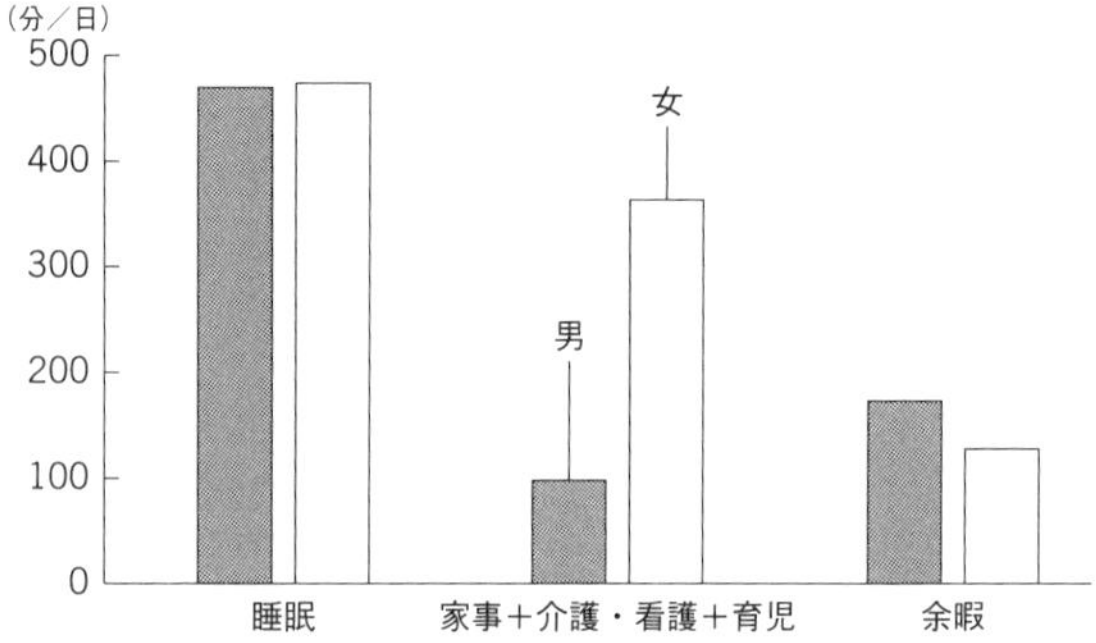

（出所）総務省「社会生活基本調査（2021年）」

本人の特性といえそうです。総務省の社会生活基本調査でも日本の状況を示すデータがみられますが、子育て中の共働き夫婦の睡眠時間は、男女でそれほど変わりません。

ただ、家事や育児、介護などについては、結構差がついていますよ。図表4―3をみてください。共働きで末っ子の年齢が6歳未満の世帯では、1日のうち家事、介護・看護、育児に費やしている時間が、夫98分、妻364分と極端に開いています。もちろん、女性の場合はパートタイマーや時短勤務の方が多いでしょうから、家事などに費やす時間が多い分、仕事の時間が夫よりも少なくなります。しかし、それだけではなく、余暇[4-6]に費やす時間も短くなっています。余暇に費やす時間は、1日当たり夫が173分、妻が128分と、45分の差が生じています。共働きの子育て夫婦でも、男女でこれだけ時間の費やし方が異なるわけです。

とにかく、現代の女性は、家事・育児負担は以前に比べて極端に軽減している状況にあるわけではないにもかかわらず、並行して働くことを求められるようになってきています。一方、男性の家事・育児への参加は遅々として進んでいません。こうした現状は未婚女性もわかっているわけで、結婚・出産に向けた女性の意欲が高まってこないこともうなずけます。

東京都5000円支給策の懸念

斎藤 課題山積で、どこから手を付けるべきかわかりません。月5000円の給付金で何かが大きく変わるという感じはしないですね。

藤波 東京都の給付金の話で、1つ懸念していることがあるんです。他県に比べて東京都の財政力は圧倒的です。本気で東京都が若い世代の経済支援に乗り出したら、追随できる自治体は少ないでしょう。そうなれば、不公平感が高まるだけでなく、コロナ禍で沈静化している東京都に向けた人の流れが、再び活発化することも懸念されます。

図表4-4　年齢別、明石市の人口変化の状況

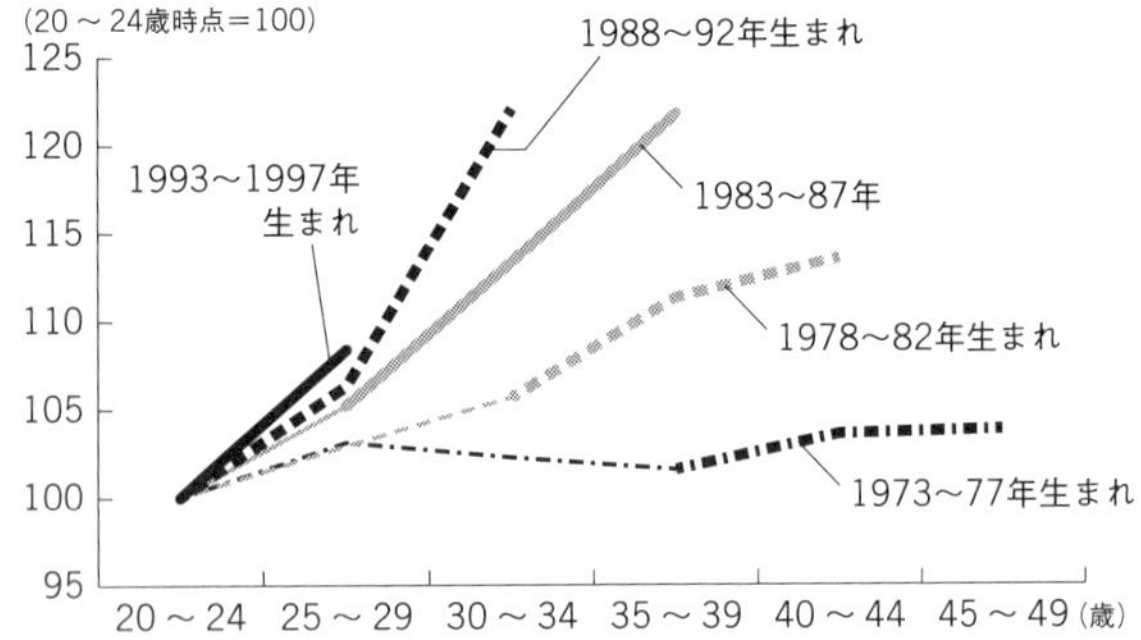

(注) 太線部は直近10年
(出所) 総務省「国勢調査」

斎藤　確かにそれはある。若い世代がよりよい子育て支援策を求めて右往左往するようになるんじゃないかな。以前は、入所可能な保育所を求めて、若い世代が県境をまたいで転居するなんて話もありました。

藤波　手厚い子育て支援で有名な兵庫県明石市には、よりよい子育て環境を求めて、若い世代が他の市町村から流入してきています。明石市は、もともと決して人口流入が多い市ではありませんでした。しかし、子育て世帯への支援を強化したこの10年余りは、20～39歳の流入が顕著となっています。図表4－4は、5歳刻みの世代別人口の推移を、20～24歳を基準に表した図です。太線部分

が、過去10年の子育て支援策が手厚い時期に相当します。子育て支援策が手厚かった時期に20～39歳だった世代で人口増加が顕著だったことがわかります。

明石市の取り組みが若い世代に支持されていることを端的に表しているわけですから、肯定的にみるべきなんでしょうが、政策課題が地域によって異なるなか、すべての周辺自治体が明石市に追随できるわけではありません。自治体ごとに支援メニューが極端に異なると、子どもを持つ人やこれから生もうと考えている若い人に、不公平感を抱かせることにつながりますし、場合によっては転居という余計な負担をかけさせることになってしまいます。財政力のある東京都が、他の自治体が追随できないレベルの現金給付を行ってしまうと、不公平感はいっそう募るでしょう。

地方の都市では、地方創生を念頭に、若い移住者の獲得を目指して少子化対策に力を入れているところがあるかもしれません。しかし、この場合は、東京などの大都市から若者を吸引する効果よりも、隣接する都市間での若者の奪い合いになってしまうデメリットのほうが大きいのではないでしょうか。こうしたことも、自治体間で極端に少子化対策の支援メニューが異なることに対する私の危惧です。

したがって、私は地方自治体によって子育て支援策の手厚さに極端な差異が生じることは好ましくないと考えているんです。かといって、自治体各々の独自施策を頭ごなしに否定するつもりもありません。地域によって求められる対策が異なる場合もあるでしょうし、各地でのトライアンドエラーがよりよい少子化対策を構築する上での知見の蓄積につながるはずです。

各自治体の取り組みの中に、出生率の上昇に効果が認められるようなものがあれば、国の政策として全国展開していく判断も必要かもしれませんね。ただ、特に現金給付については、損得勘定に直結しやすいため、私は都会に暮らしていようと、山奥に暮らしていようと、なるべく全国一律の水準のほうがいいのではないかと考えています。

斎藤　でも、東京都は他県に比べて極端に合計特殊出生率が低いじゃないですか。こうした問題意識から出てきた政策であるという見方も可能なんじゃないかな。

藤波　確かに東京都は合計特殊出生率が低いですよ。でも、これは人口移動によって必然的に生じる結果なので、私はあまり気にすることはないと思っているんです。出生率の低い東京都が人口を吸引するから、日本の出生率が下がるということが、まことしやかにいわれてきましたよね。私は、一時期ちまたでよくいわれていた、東京が人口のブラックホールになっているというような考え方については否定的なんです。

東京都は、婚期が遅く、子どもの数が少ない大卒者が集まってくる傾向にあるため、出生率は抑えられがちとなります。さらに、東京都の場合、結婚すると周辺の県に流出して住居を構える人が多いわけです。特に、多くの子どもを持ちたいと考えている夫婦は、周辺の県に広い家を買って出ていく人も少なくありません。その結果、必然的に東京には独身者や子どもの数が少ない世帯が残りがちとなるわけです。実際、周辺の埼玉県や神奈川県の出生率は、東京都に比べてかなり高い状況にあります。東京都だけを取り上げて、ブラックホール的な扱いをすることは好ましくありません。

そもそも人口移動は、高度人材向けの雇用の所在に強く影響されることがわかっており、女性の大学進学率が上昇するなか、東京への女性の流入は当然の帰結です。地方創生の議論で、女性の地方からの流出に注目が集まっていましたが、高度人材を必要とする仕事が地方に少ない現状を変えることなく、人だけを地方に移そうとしても限界があることは間違いありません。まあ、それが地方創生戦略の失敗の最大の原因だったわけですし。

気になるのは、東京都が5000円給付で先行すれば、他県も追随せざるをえなくなり、支援合戦になることです。すでに東京都は、５０００円の給付金にとどまらず、第２子では保育料を免除することも明らかにするなど、二の矢、三の矢を放ってくる構えです。
　東京都以外の県は、東京都に肩を並べて支援することは難しいことから、国に対して財政措置を求めるようになるでしょう。結局、国の負担で全国一律の給付制度が作られるのではないでしょうか。まあ、今回の東京都の動きは、国に重い腰を上げさせるという意味の効果があったとは思いますけどね。

斎藤　話を整理すると、社会保障的な支援だけでは少子化を食い止めることは難しく、並行して賃金を引き上げ、雇用環境を改善する取り組みが欠かせないということですね。

日本の構造問題にメスを入れる必要性

藤波　先ほどチラッとドイツの話をしましたよね。ドイツでは、２０１０年代に保育環境の整備や育休取得支援、さらには経済環境の好転が若い世代の出生意欲を高めたという話です。

斎藤 ああ、いっていましたよね。ドイツは、２０１０年代に経済が欧州で独り勝ちの様相を呈したわけで、その恩恵があったということなんですよね。

藤波 それです。逆にこの時期、少子化対策先進国というか、子育て支援策のモデル国ともいわれるフィンランドで出生率が急低下しました。おそらく政策自体は悪くなっていないでしょうから、これも経済の影響と考えるのが妥当です。フィンランドでは失業率が８％以上で高止まりするなど、若い世代の雇用環境の悪化が顕著でした。

斎藤 倒産寸前に追い込まれたノキアの例もありましたよね。まあ、フィンランドには、人は助けるけど、企業は助けないという政策方針がある。ノキアが倒産しかかったとき、政府による企業への支援策はなかったけれど、失業した従業員への手厚い再教育プログラムが提供され、他の企業、異業種への再就職支援が行われました。失業した人が、より高度な人材として、他の企業で活躍できるわけだ。日本ではようやく最近になってリスキリングだの人材の流動性向上だのといっているけれど、経済成長に向けて、収益力の低い企業から成長余力の高い企業へ人を移していくことは、成長戦略の基本ですよね。

フィンランドにはこうした仕組みがあるため、失業率が高まったとはいっても、若い世代の将来不安というのがどこまでかということはよくわからない。でもまあ、経済が不安定化することは、結婚や出産を前向きに考えにくい要素にはなりがちだろうね。

藤波　少子化対策は、単なる社会保障政策にとどまらず、経済・雇用環境の改善、さらには国民のジェンダーに対する意識の修正も必要であることから、少し給付金を増やせばすぐにでも効果が出るというものではないことは確かです。

給付金が増えること自体は、それで助かる人がいるわけですから、方向性として間違っているとはいい切れません。しかし、若い世代がこの日本で家族を持ち、子を生み、育てていくことに前向きになれない根本の理由を取り除いていくことを避けていては、本格的な少子化対策とはいえないでしょう。

斎藤　日本の構造的な問題にメスを入れざるをえないということですね。

藤波　そうです。かなりハードルは高いですが、光明もあると思っているんです。いや、光

図表4-5 5歳階級別女性人口比の推移（15〜49歳＝100%）

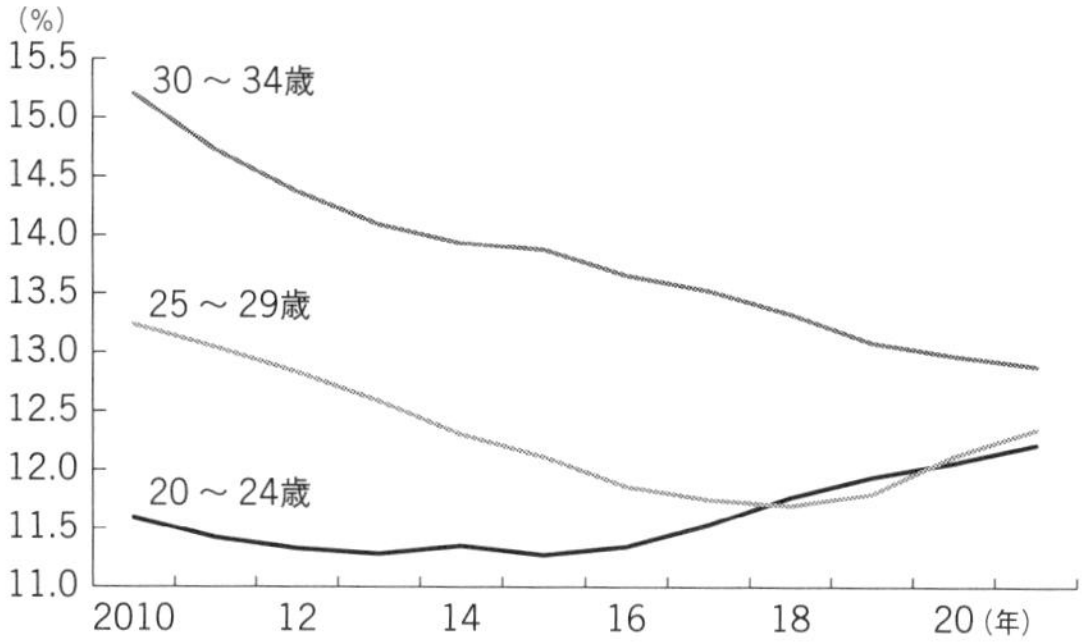

（出所）厚生労働省「人口動態統計」

明というよりも、今こそ少子化対策に取り組む好機だと思っています。ラストチャンスといったほうが正しいかな。

1990年代は、10年にわたって出生数が年間120万人で安定していました。ちょうど団塊ジュニア世代が成人した時期で、再び出生数のピークがみられることが期待されたわけですけど、残念ながらそうはならなかった。でも、若い世代の人口増によって、出生数の減少は食い止められました。

今ちょうどこの時期に生まれた世代が、結婚・出産の年齢に差しかかってきたんです。そのため、図表4－5にある通り、出産期にある年齢層の中でも、とりわけ20代の人口割合が、わずかながらですが高まっているんです。この後、30代も

図表4-6　出生数変化の要因分解

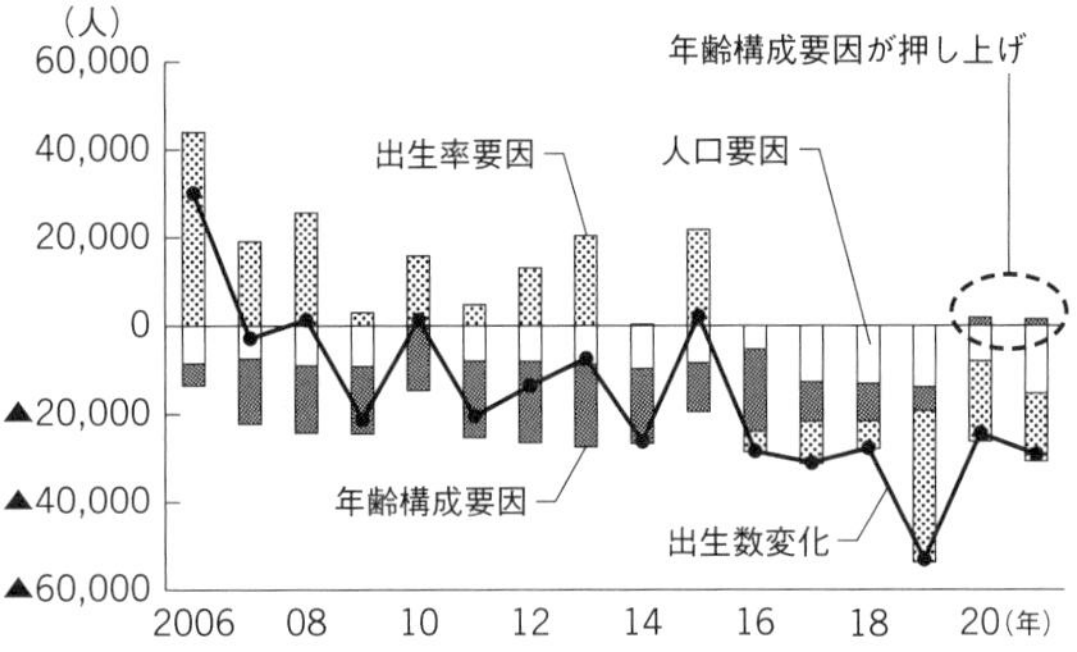

（出所）厚生労働省「人口動態統計」

回復してくるとみられます。

図表4－6をみてください。少しマニアックな図になりますが、出生数の変化を、要因分解してみました。すでに2020年から、年齢構成要因が、わずかながら出生数の押し上げ要因になっていることがわかりますよね。足下で、出産期にある女性の年齢構成が、ほんの少し若返っているということなんです。こうした状況は、あと10年ほど続く見込みです。

なんとか今後10年の間に、経済を成長軌道に乗せるとともに、体系的な少子化対策を構築し、出生率を回復させ、出生数減少に歯止めをかけるべきだと考えています。2000年代以降に生まれた人が出産期の中心世代となる2030年以降には、再び若い世代の人口が減り始め、少しくらい出生率が回復しても、実数としての出生数は減り続ける可能性が高くなります。

斎藤　本当だ。少子化対策はもう手遅れという話をする人は多いけれど、若い人が減らないこの時期に、後の世代にも好影響を与えるようなしっかりとした少子化対策を構築することで、出生数を回復軌道に乗せていくことが必要ということですね。V字回復は難しいけれど、減らさない、少しでも増やす取り組みというわけだ。

藤波　そうです。２０３０年までを最後の好機と考え、少子化問題に真摯に向き合っていくことが必要なんです。

【注】

4－1　柴田悠『子育て支援が日本を救う』勁草書房、２０１６年６月

4－2　変数として日本ダミーを加えたモデルによれば、日本では移民の受け入れが出生率を有意に押し下げることが示されている

4－3　松田茂樹「ヴィネット調査を用いた子育て支援策が出生行動に与える効果の研究」人口学研究

（第55号）２０１９・９

4－4　連合「非正規雇用で働く女性に関する調査２０２２」２０２２年3月31日

4－5　ＯＥＣＤ「Gender data portal 2021: Time use across the world」

4－6　テレビ・ラジオの視聴、新聞・雑誌などの読書、休養・くつろぎ、学習・自己啓発・訓練（学業以外）、趣味・娯楽、スポーツ、ボランティア活動・社会参加活動、交際・付き合い

第　5　章

やはり経済成長が不可欠

第4章に引き続き、日本総合研究所の応接室で、某新聞社論説委員の斎藤と日本総合研究所の上席主任研究員、藤波が話をしている。斎藤が、藤波にさらに踏み込んで質問をぶつけてくる。

「少子化対策は手遅れ」という主張の落とし穴

斎藤　ここまで藤波さんは、出生数のV字回復は難しいとしても、経済を成長軌道に乗せるとともに、体系的な少子化対策を構築することで、足下で進む出生数の急減を食い止める努力をすることが重要といっていましたよね。でも、世論には、もう少子化対策は手遅れという主張が少なくありません。特に若い人に、こうしたことをいっている人が少なくないような気がします。

藤波　若い人からすれば、ここまで少子化問題を放置してきたツケを、今まさに出産期にある20～30代の自分たちに押し付けてほしくないということなんでしょうね。その感覚はよくわかるのですが、そこには落とし穴があると思っているんです。

ざっとおさらいすると、２０１５年ごろまでは、少子化とはいってもペースは比較的緩やかで、その理由も若い世代の人口減少と非婚・晩婚で説明できたわけです。ところが、２０１６年以降は出生数が急減し、少子化が加速していますが、これは、人口減少、非婚・晩婚に加えて出生意欲の低下の影響が無視できなくなってきています。このあたりは、これまでのレポートで書いてきているので、斎藤さんはおわかりですよね。

斎藤　もちろんです。足下で出生数は年率３％を超える減少率で推移していて、それには若い世代の出生意欲の低下の影響もあるということですね。

藤波　この出生意欲の低下をもたらしている原因は、若い世代の経済・雇用環境の悪化や、依然として家事・育児の負担が女性に過度にのしかかっている状況、ジェンダーギャップが改善されないことなどが考えられます。そうしたことをしっかりと一つひとつ改善していくことは、子どもを生む、生まないということとは関係なしに、若い人たちの暮らしに安定と安心感をもたらすものだと信じています。

また、価値観の変化から、結婚を希望しない人が増えていることは間違いありませんが、それでも主義主張としてそう考えている人は、今のところ2割を超えているとは考えられません[5-1]。出産期にある人の減少は構造問題であるため、すぐにどうにかできるものではありません。しかし、結婚や子どもを希望する人がいるにもかかわらず、さまざまな理由で一歩を踏み出せない人、あきらめてしまう人がいるわけですから、そこを改めていくことは、若い人にとってのＱＯＬ（クオリティ・オブ・ライフ）を高めることにつながるはずです。逆にいえば、少子化に対してなんら手を打つ必要はないということは、若い人たちへの配慮を、これからも放棄し続けてしまうリスクをともなっているのではないでしょうか。

経済成長がなくて本当に豊かに暮らせるのか

藤波　さて、斎藤さんの質問の核心に迫ろうと思いますが、少子化対策は今さら手遅れという人が必ず続ける言葉があります。

斎藤　ああ、なんとなくわかりますよ。それは「人口が減っても、豊かに暮らせる社会を構築する方向に政策の軸足を向けるべき」という感じですね。

藤波　その通りです。私は、「豊かに暮らせる社会」を目指すことは大賛成ですが、その前の「人口が減っても」が気になります。本当に人口が減り続ける中で、豊かさを維持することが可能なのかという極めてシンプルな疑問なんです。

そもそも論なんですけれど、ここでいう「豊かに暮らす」には、経済的な豊かさだけでなく、心の豊かさや時間的なゆとり、好きな場所で好きなことをして暮らすというような、多くの意味を含んでいると考えられますよね。ここには、ＧＤＰ（国内総生産）では計測できない人と人のつながりとか、足るを知ることで得られる心の満足というものも含まれているわけです。

私の名刺にはエコノミストと書かれていますが、こうした考え方を否定する気はありませんし、決してＧＤＰが高ければ幸せとも思ってはいないんです。日本には、ＧＤＰにカウントできないすばらしい価値があることは理解しているつもりです。先祖から受け継いできた多様な文化や美しい景観、国民の公共意識の高さや勤勉さなどです。

ただ、それらがあれば十分だと思っているわけではありません。目の前に、長期にわたる低成長の結果生じた経済的な二極化があり、特に若い世代では、低賃金や不安定な経済環境に甘んじている人たちが多くなっています。

また、今さら経済成長なんて、という人だって、国民の豊かさって、ある程度の金銭的なゆとりや、最低限の経済的自立というようなものの上に立脚するという考えには同意してくれるんじゃないかな。先ほど議論してきたように（第4章参照）、若い人たちがそうした金銭的なゆとりが得られないから、出生意欲が低下し、少子化になっているわけです。

斎藤　人口が減る状況下では、経済を大きくすることが難しいため、若い人たちへのしわ寄せがますます大きくなるということですね。

藤波　基本的考え方はそういうことなんです。豊かさを気持ちの問題だけにせず、ある程度の経済的裏づけのもと、「人口が減っても豊かに暮らす」ことができる社会を構築するためには、確固たるアダプテーション戦略が必要だと思います。アダプテーションとは、適応や順応、影響緩和という意味で、ここではある程度の人口減少でも豊かに暮らすための戦略という意味合いで使っています。今後、出生数が多少回復したとしても、大きな流れとして人口減少は避けられないため、少子化対策の成否にかかわらずアダプテーション戦略は不可欠となります。

人口減少に対するアダプテーション戦略としては、どんなことが考えられるでしょうか。

日本企業のＤＸが進まない理由

斎藤　そうですね、まあ単純に考えれば、デジタル・トランスフォーメーション（ＤＸ）なんかは、そういうことでしょう。人が担っていたことの一部をＩＣＴ（情報通信技術）やＡＩ（人工知能）に置き換えていくということだから。

藤波　その通りです。人口減少社会では、ＤＸは不可欠です。日本でいうと、人口減少が進んでいる地方ほどＤＸの活用の余地が大きいと思うんですけれど、なかなかそうはいきませんよね。

いうまでもなく、世界的にみて日本は明らかにＤＸへの対応が遅れています。日本のＤＸへの対応の遅れやその原因を、情報通信白書のデータ集[5-2]からみてみましょう。

まず、基本的なところから。日米でＤＸへの取り組み状況を比較したデータがあるんですが、ＤＸに取り組んでいないという企業が、アメリカでは14・1％にとどまっていますが、日本では33・9％となっています。[5-3]「わからない」という回答を含めると、日本では実に4割以上の企業が、ＤＸにまったく対応できていないとみられるんですよね。

ＤＸに取り組んでいる企業でも、その成果は芳しくないと考えているところが多いようなんです。日米独中の4カ国で実施したアンケート調査で、目的別にＤＸの効果についてたずねた質問でも、日本企業で効果が得られていない様子がはっきりとわかります。ＤＸの目的として取り上げたのが、「新規ビジネス創出」「生産性向上」「データ分析・活用」「商品・サービスの差別化」「顧客体験の創造・向上」の5つでしたが、日本ではどれも3割から4割の企業が「期待する効果は得られていない」と回答しているんですよ。他の3カ国では、ほとんどが効果ありと答えているのとは対照的です。一例として、「新規ビジネス創出」を目的としたＤＸの効果についての回答をおみせしましょう[5-4]（図表5－1）。

どの目的も、ほとんど同じような結果です。

斎藤　これはひどいな。日本がＤＸへの取り組みで遅れているというのはなんとなくわかっていたんだけれど、実際に取り組んでいる企業でも、効果なしと感じているところが諸外国に比べて顕著に多いですね。アメリカでは、新規ビジネス創出に期待以上の効果があったと

図表5-1 新規ビジネス創出に対するDXの効果

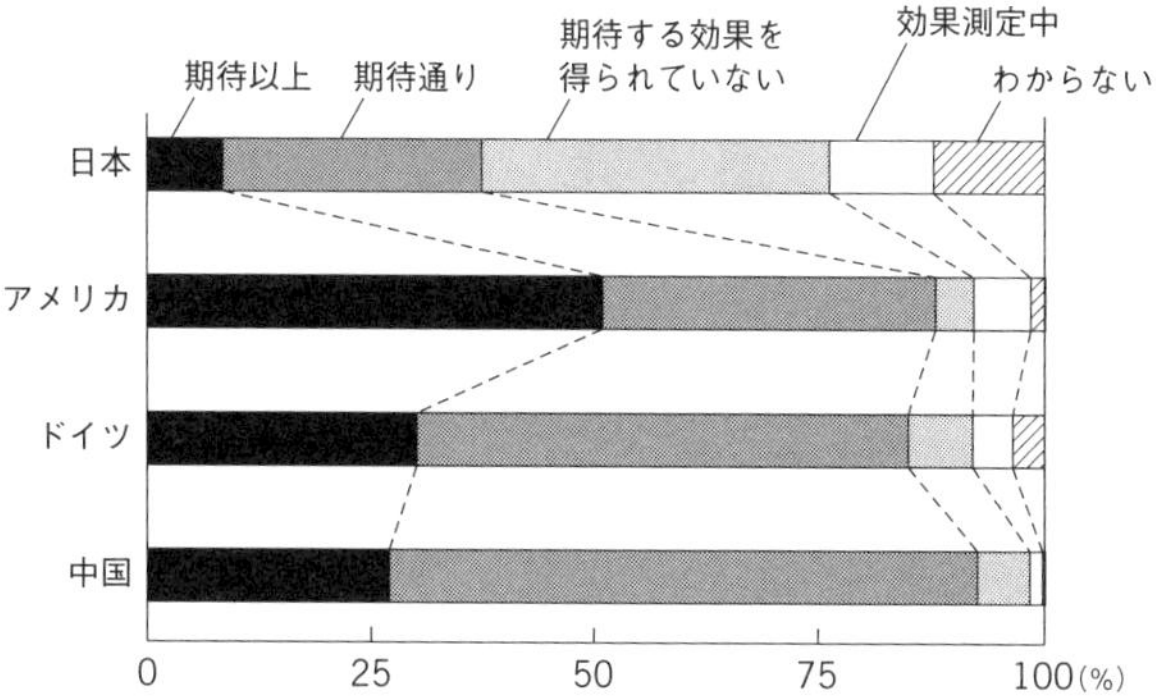

（出所）総務省（2022）「国内外における最新の情報通信技術の研究開発及びデジタル活用の動向に関する調査研究」

する企業が半数を超えていますよ。

藤波 こんな状況ですから、日本の企業がDXに前向きでないのもうなずけますし、今後も取り組む意欲は生じてこないでしょうね。問題は、なぜこのような結果になってしまっているのかということです。理由は多面的なものなので、一言ではいえませんが、DXを進めようにも、日本企業が人材難に直面していることは、同じく白書のデータから明らかです。米独中と比べても、デジタル化を進める上での課題や障壁として、人材不足をあげる企業の割合が高い状況にあります。

斎藤 これは重要なポイントです。少子高齢化の結果として、デジタル人材がいないということなんですよね。人口減少のアダプテーションとしてＤＸを進めようにも、40年続いた少子化の結果、若い人材が不足しているということなんでしょう。

藤波　少子化の影響も多少はあるかもしれないけれど、大卒者は昔より増えていますから、あまり言い訳にはならないかもしれませんよ。企業も、必ずしもそのようには考えていないようです。

同じく白書には、デジタル人材が不足する理由がＩＴの専門性ごとに明らかにされているのですが、日本の特徴は、どの専門分野でも、デジタル人材の採用や育成の体制が整っていないことを指摘していることです。一方で、人材市場にデジタル人材が出回っていないという回答は、相対的に低い傾向にあります。

すなわち、日本企業は、世の中にはデジタル人材、おそらくはその予備軍というレベルかもしれませんが、そういう人材はそこそこいるという認識を持っているのかもしれないけれど、彼らを採用し、育成するための社内体制が十分ではないと判断しているということになります。

これは、人材を企業が育てる自前主義や、採用後に配属部署を決めるような人事手法など、旧態依然とした人事戦略が今も変わっていないことを示していると考えられませんか。デジタル人材が不足しているのは日本に限ったことではありませんが、その確保に向けてすでに能力を身につけた人材を外部から採用することに重きを置く米中との戦略性の差異は明らかです。

斎藤　日本企業は、必ずしもデジタル人材ではない人でも採用した上で、適性を見極め、社内教育で育成すればいいと考えているんですね。まあ、日本企業の採用スタイルって、昔からそんな感じで、あまり変わっていませんからね。新卒一括採用で、いろんな経験をさせながら適性を見極め、社員の成長をうながす感じですよね。

藤波　デジタル人材を社内で育てようという発想自体は結構なことなのですが、自前主義であるがゆえ、育成に時間がかかったり、結果的に専門性の低い人材がDXを牽引したりする日本企業では、十分な成果が得られていないと考えることができるのではないでしょうか。

私は、そもそも人材市場にデジタル人材が出回っていないことが、日本の弱みなのだと考えています。これは、人材自前主義の日本企業の特徴とともに、社会が求める人材を輩出できない大学など高等教育機関のカリキュラムにも問題があると思っています。最近は、各大学でデータサイエンスや文理融合などに力を入れる改組が行われたりしていますが、基本的に大学側の教授・准教授の構成が変わるわけではなく、外装を変えているにすぎない可能性もあり、効果のほどは不確かです。

人口減少への備えとして、DXは不可欠な要素であるにもかかわらず、その社会実装に遅れが目立つだけでなく、社会を変えられない高齢社会の悪い面が足を引っ張って、DXに必要な人材が不足しているんだと思います。

テレワークが増えない残念な状況

斎藤　日本社会、変わらないよねえ。その端的な例が、コロナ禍で定着するかに思えたテレワークじゃない。最近は、多くの企業が社員に出社を求めるようになり、東京の通勤風景もコロナ禍以前に近い雰囲気に戻ってきていますよね。

藤波　私は在宅ワーク中心の働き方をしています。斎藤さんもそうじゃないですか。

実際にテレワークをしてみると、課題を感じることもあるけれど、まあ別に解決できないほどじゃないという感じはあるでしょう。もちろん相対サービスやモノづくりなど、テレワーク向きではない仕事があることは間違いないけれど、日本の場合は必要以上に出社することに重きを置きすぎている感じはないでしょうか。テレワークについては、最近はデメリットも指摘されているようなので、絶対に推し進めなければ日本の競争力がますます低下するとも思ってはいないんですけれど、まあ、変わらない日本の象徴的なエピソードとして、図表５－２をみてもらえますか。

先ほどの情報通信白書のデータ集には、２０２２年に実施されたアンケート調査の結果として、日米独中のテレワークの利用状況に関するデータがあるんだけれど、日本では「必要としていない」という回答が４割を超え、他の３カ国との差は歴然です。利用したことのある人も３割に届かず、軒並み５割を超えている３カ国との差は明らか。

日本のテレワークの利用状況を年齢別にみると、年齢が高まるに従い「必要としていない」人の割合が高くなっている。50代では約半数、60代になるとなんと６割を超える人が「必要としていない」と回答しているんですよ。必ずしも年齢が高い人ほど相対サービス業に就いているわけではないから、おそらく年齢が上がるに従い、テレワークという働き方を「必要

図表5-2　テレワークの利用状況

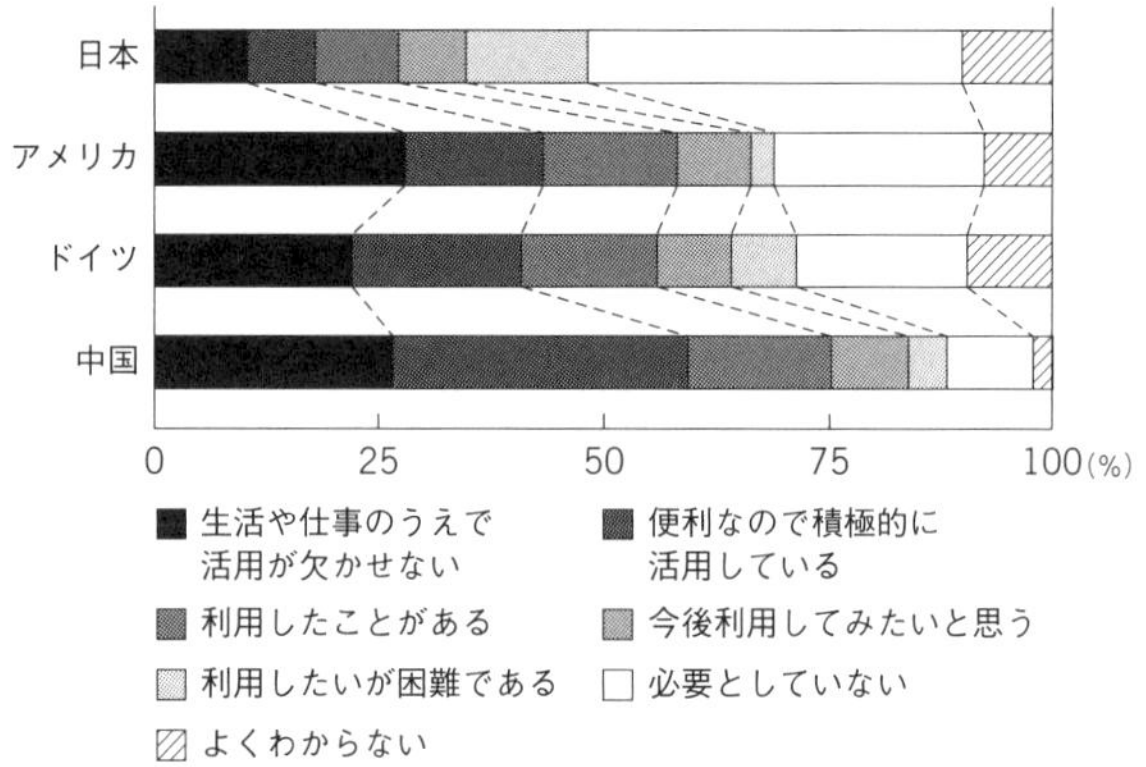

（出所）総務省（2022）「国内外における最新の情報通信技術の研究開発及びデジタル活用の動向に関する調査研究」

としていない」と、思い込んでいる可能性が高い。こういう状況で、年配者が企業の経営判断を下しているわけだから、日本の企業がテレワークを推進していこうという駆動力に欠けることはうなずけます。

もう1つおもしろいデータがあって、同じく日米独中で、テレワークの利用が困難である理由を聞いているんだけれど、日本では「ルールや制度が整っていない」が最も選択率が高く、他の3カ国とは異なる状況にあります。

斎藤　いや、これはおもしろい。悪い冗談ですよ。ルールや制度はだれが作っているのかって。これも高齢社会の硬直性というか、「社会を変えられない病」とでもいうべき悪い面が出ているわけでしょう。テレワークを必要としていないと思い込んでいる人たちがルールや制度を作っているため、いっこうにデジタル人材の不足は解消されないし、テレワークも進まない。人材不足のなか、形だけDXに取り組むから、効果も乏しい。

コンパクトシティはあきらめたわけではない

藤波　人口減少への備えとして必要なDXも、世界レベルでみれば全然ダメということですよ。人口減少社会ほど、世界に先んじて変わっていくことが必要なはずなんですけどね。

DX以外にも、少子化や人口減少に対するアダプテーション戦略は考えられますよ。私の専門に近いのですが、コンパクトシティなんていうのはどうですか。街をコンパクトにして、効率的なまちづくりを目指すことです。人口が減っても市街地の人口密度を下げないための取り組みであり、にぎわいを維持することも可能となります。

斎藤　コンパクトシティですか。これも厳しいですよね。うまくいっているところはあるのかなあ。以前取材したことがありますけど、その後はどうなんでしょうか。取材したのは、青森市や富山市が先行事例などといわれていた時期です。

藤波　コンパクトシティが最初にブームとなったのは、もう20年くらい前でしょうか。全国の市町村でコンパクトシティや関連する中心市街地活性化などが取り組まれたものの、斎藤さんのご指摘の通り、これまで市街地が明確にコンパクトになった都市は皆無で、反対に、今も市街地は拡大する傾向にあると思います。商店街も、一部を除いてはシャッター街が増える傾向なのではないでしょうか。

斎藤　私の故郷の富山県でも、ご多分に漏れず郊外に大型のショッピングセンターが立ち並び、昔ながらの商店街はシャッター街になりましたよ。県庁所在地である富山市はコンパクトシティに取り組み、市内への大型施設の立地には規制がかかっているんですけれど、それ以外の市町村とは必ずしも連携が図られているとはいえません。まあ、時代の流れもありますから仕方ないですけれどね。

　私の同級生が地元の商店街でやっていた飲食店も、郊外の幹線道路沿いに駐車場付きの2号店を出したら、売り上げが何倍にも増えたといっていました。地方ではマイカーでの移動が基本なので、駐車に手間がかかり場合によっては有料となる中心市街地は、立地ですでに負けているんですよ。

藤波　コンパクトシティは、人口減少のアダプテーション以外にも、車に依存しないということで地球温暖化対策や高齢者にやさしいまちづくりの観点、防災投資を限定されたエリアに行うことで自然災害から効率的に都市を守る防災の観点など、さまざまなメリットが期待されています。国でも、いきなりコンパクトシティは現実的ではないということで、「コンパクト＋ネットワーク」として、駅やバスのターミナルなどを中心に、公共交通を生かしたまちづくりの推進や立地適正化計画などさまざまな方向性を打ち出し、無秩序な市街地の拡大を抑制しようとしています。

立地適正化計画とは、住宅や都市機能を都市の限定的なエリアに誘導することを目指した都市のマスタープランで、すでに626都市（2022年3月末時点）が取り組んでいます。こうした取り組みや方針を打ち出しているにもかかわらず、効果が限定的というのは、斎藤さんのいわれる通りです。

斎藤　国もあきらめているわけではないんですね。一時期終息していた郊外への大型ショッピングセンターの出店が、最近、再び各地で動き出しているという印象もあったので、国はもうあきらめたのかと思っていましたよ。

藤波　国土交通省では、関係省庁と連携してコンパクトシティ形成支援チームを結成し、市町村の取り組みをバックアップしています。国の取り組みとしては、珍しく本気度を感じさせるものです。

私がみてきた中では、大分駅南側の再開発事業がうまくいっているように感じました。大分駅の南側に隣接していたJRの操車場跡地が活用されずに死んだ土地となっていたものを、再開発した形です。駅前に公共施設や公園、大型のマンションが立地し、また、駅の高架化によって南北自由通路の設置と駅北側の再開発も連動したことから、まさに歩いて暮らせる便利な街になっていました（図表5−3）。大分市全体でみれば、すぐさまコンパクトになっているわけではないのですが、再開発によって街の魅力を高め、将来、中心市街地に人を誘引するきっかけとなるのではないかと期待しています。

図表5-3　大分駅周辺の再開発状況

（出所）大分市提供

斎藤　この案件、聞いたことがあります。大分市に限らず、鉄道事業者が駅や鉄道の価値を高めるため、周辺市街地の再開発に力を入れるのは当然の事業戦略なんですが、地方ではなかなかそうした状況にはなっていませんよね。

藤波　これは本当にそうですよ。地方都市においても、鉄道事業者がもっとまちづくりに積極的になってしかるべきですよね。最近は、コロナ禍で都市部路線の収益環境が悪化したことから、地方のローカル鉄道が廃線ラッシュになりそうな状況です。都市部の収益で赤字ローカル路線の維持ができなくなってきているということらしいです。

斎藤　鉄道の利用者減も、人口減少が一因ですよね。まあ地方では、出生数減少よりも人口流出の影響のほうが大きいのでしょうが。あと、車社会への転換の影響もありますけれど。

ハードルが高いコンパクトシティの現実

藤波　コンパクトシティといっても、今住んでいるところから立ち退きを迫るとか、郊外の土地の売買を禁止するとか強権的な話ではなく、中心市街地に開発や投資を集中させ、人や企業を誘導していこうということなんです。人口減少時代には極めて合理的な発想だと思うんですけれど、これがなかなか進まないわけです。その理由の1つは、地域の人たちが必ずしも望んでいないということがあるのではないでしょうか。

斎藤　あるある。コンパクトシティの理念や重要性はわかっているから口には出さないけれど、自分が兼業農家で儲からない田んぼを持っていたら、その農地が道路計画に引っかからないかなとか、宅地開発の計画が持ち上がらないかな、なんて考えちゃうもの。それこそショッピングセンターのディベロッパーに買い取ってもらえれば最高だとかね。

実際、うちも地元に、以前、親父が耕作していた田畑《でんぱた》が残っていて、今は運よく借りてくれる農家さんがいて助かっているんだけれど、将来的にはなんらかの開発計画の網にかかって売れれば最高くらいに思っているもの。だって、もう兄弟のだれも地元に残っていないから、どうしようもない。大きな実家も基本空き家で、親戚がときどき風通しをしてくれていて、納屋だけ倉庫として他人に貸している。私が長男なので責任は感じているけれど、もう戻って農家をやるのは現実的ではないですね。

藤波 そうですねえ。市街地の無秩序な拡大を抑制するには、郊外開発に歯止めをかけることが不可欠。都市計画の市街化調整区域など、さまざまな規制で郊外開発を抑制しようとしているんだけれど、規制の抜け穴も残されているから完全には難しいですよね。

斎藤 コンパクトシティを取材していた時分、ある県の地方議員が、自分の仕事は農地を開発して地元にお金を落とすことだといい切っていたからねえ。それが「地域に富をもたらすことだ」といっていたよ。もう郊外開発の規制がいろいろいわれていた時代だったけれど、あそこまではっきりといい切られて、すがすがしさを感じたことを覚えています。

藤波　コンパクトシティの難しいところは、短期的には儲かる人がほとんどいないために、市場原理に任せておいたら絶対に成立しないということです。郊外開発は、少なくとも地権者やディベロッパー、それからそこで買い物を楽しみたい人たちの便益がみえているわけだから、市場原理に乗りやすい。都市も物理原則にあるエントロピーみたいに、拡散する方向に進むのかもしれない。

斎藤　エントロピーって、状態の乱雑さを表すとかいう熱力学のあれですか。私も理系出身だから多少はわかるけれど。

藤波　そうそう。まあ余談ですけれど、都市もコンパクトな状態よりも拡散して疎になっていったほうが安定的なのかと思って。実際に都市論をエントロピーで語る研究は結構あるんですよ。

それはさておき、街をコンパクトな状態に維持するには、政策的ななんらかの介入が必要でしょう。そこには金が必要なんだけれど、地方財政が今後も潤沢であり続けることは考えにくい。

行政はもちろん、地元の有力者や大半の農家は、基本的には優良農地を守っていくとか、地域の景観を保全していくことには賛成しているんだけれど、大きな建て前と自分事としての財産権の問題が重なり合い、さらには行政の財政制約などもあり、コンパクトシティの形成が進展するとはとうてい思えません。全国に人口密度の低い拠点性のない街が増えていくことになるんでしょうね。

そういうことで、コンパクトシティは人口減少のアダプテーションとして必須だと思うんだけれど、現実社会では相当ハードルが高いというのが現状だと考えています。

あと人口減少のアダプテーションとしては、移民ですかね。移民によって労働力不足などを回避していくというのはどうでしょう。

移民が来ても出生率が上がるとは限らない

斎藤　移民かあ、これも政治マターだなあ。現実問題としては、すでに日本には多くの外国人労働者がいて、経済を支えてくれているけれど、正面から移民解禁とはいわないものね。

最近でこそ、与党関係者でも移民について議論しようという機運が高まってきていると感じることもあるけれど、ちょっとまだ時間がかかりそうじゃない。

藤波　移民は、人口減少のアダプテーションとしてだれもが考えるアイデアですよね。実際、外国人労働者の数はこの10年で2・7倍に増え、170万人になっている。でも、移民によって人口減少の影響を緩和しようというアイデアにはいくつか問題があります。特に日本の場合には。

まず、移民を今後も継続的に受け入れていくためには、日本が経済成長をしていくことが不可欠であるということです。正確には、移民送り出し国と受け入れ国である日本との間に、明確な経済格差があることが条件になります。

斎藤　これは感じますね。外国人技能実習生の送り出し国の変遷をみても、中国が多かった時代が終わり、今はベトナムの人が増えている。今後は、ベトナムの所得水準の上昇にともなって、送り出し国は、別のより低所得の国に移っていくんでしょうね。これについては、まだまだ世界には所得水準が低い国があるから、しばらくは大丈夫かな。

藤波　そうですね。加えて、今は世界中で労働力の獲得合戦になっているので、先進国間での優位性も重要なポイントですよ。例えば、オーストラリアは、１９９０年代後半から外国人の獲得に力を入れているんだけれど、今後、日本はこうした先進諸国と競争していかなければならない。

オーストラリアは、労働力が不足した分野で熟練労働者など高い技能を持つ外国人を、定住を基本として積極的に受け入れています。それが安定的な経済成長をもたらしている一因なんだけれど、とにかく賃金が高い。オーストラリアは、最低賃金が日本の2倍以上ですから。

途上国との所得格差だけではなく、先進国の中で所得水準が見劣りし始めた日本は、門戸を開放すれば、いつでも移民が殺到するなんて思わないほうがいい。移民を受け入れる上でも、経済成長が必要ということだし、この案件では「円」が強いというのもメリットとなる。

斎藤　２０２２年に円安がぐっと進んだとき、技能実習生が入ってこなくなるのではないかとネット上で話題になりました。日本の経済力が低下していけば、いつかは技能実習という制度自体が成り立たなくなるのではないでしょうか。

藤波　もう1点重要なポイントは、外国人の出生率は高いという思い込みです。斎藤さんもそう思っていませんか。

斎藤　そう思っていますよ。違うんですか。欧州なんかでは、外国籍の人から生まれる子どもが多いと聞いているし、日本の学校でも近年、外国に起源を持つ親の子が増えていますから。

藤波　確かにドイツなどをみると、外国籍の親のほうが出生率が高い傾向にあります。しかし日本では、外国籍女性の出生率は、日本人よりも低い傾向にあるんですよ。外国籍の人は年齢構成が若いので、彼らの子どもの数は多く感じられるかもしれませんが、合計特殊出生率をみると、日本人よりも低いことが知られています。[5-5] 定かなことはわかりませんが、外国人の一部は賃金が低く、不安定な雇用環境で働いていることから、彼らにとって日本という国は子育てがしづらい国ということなのかもしれません。[5-6]

また、ドイツの２０１０年代の状況をみると、ドイツ人の出生率の変動と連動して、外国籍の親の出生率も変化しています。ドイツ国内の経済状況や子ども政策の動きに合わせてドイツ人の出生動向に変化が生じるのと同様、国内の外国人もそれらの影響を受けている可能性が高く、おそらくこれは日本でも同じような傾向になると考えられます。

斎藤　日本人の出生率が下がれば、外国人でも下がるということですね。そんな気はしますね。結論としては、低成長の国は、移民を誘引する力も弱くなっていくという当たり前のことが、日本にも当てはまるということですね。移民に対する議論を避けてきた日本という国が衰退し、日本人が海外に移民として出ていく時代がもう目の前まで来ているような気がしますよ。

「経済成長はもういらない」という老人を怒鳴りつけたい

藤波　ここまで議論してきたように、アダプテーション戦略といっても、経済成長を不可欠とするようなことが結構あって、「人口が減っても豊かに暮らす」というのは、極めてナローパス（細い道）ということです。個人個人が所得が低くても心豊かに暮らしていくというのと、国全体の豊かさとは、次元が異なると考えるべきではないでしょうか。

斎藤　いや実は、さっきは「今さら農業でもない」などといいましたけど、40代のころ、子育てから手が離れた後には、富山の実家に帰って自給自足的な暮らしもいいなと考えたことがあったんですよ。まあ、だれしも一度くらいはそうした気持ちになることってあるじゃないですか。妻にそれとなくいってみたら、1人で行ってといわれたけれどね。

　こうしたことは、個人的な心豊かな暮らしであって、国の豊かさとは異なるということですね。

藤波　まあ、そういうことです。斎藤さんの実家がどんなところか知らないのでなんともいえないんですけれど、例えば日本海側の特に富山辺りに多い散居村[5-7]だったら、広大な田んぼの真ん中で年老いた斎藤さんが暮らし続けるために、さまざまなサービスや公共投資が必要となります。一番わかりやすいのが道路ですね。最寄りの幹線道路から斎藤さんの家までの道路を斎藤さんしか使わないとしても、行政が維持し続けるわけです。その公共投資は、結局だれかが生み出した富でまかなわれるわけですよ。その多くは、おそらく回り回って若い世代が負担していることになります。

だからといって地方に帰っちゃいかんとかいうつもりは毛頭なく、個人個人が自らの求める豊かさを目指して行動することは自由だと思うんですけれど、国全体としては、やはり金銭的な面でも豊かになっていくことが必要だといいたいんです。年配者も若い世代も、一人ひとりが心豊かに、将来に対して不安なく暮らすためにも、一定の経済成長が不可欠だと思います。

今どきかっこう悪いのでいいたくはないんですけれど、経済成長は七難隠すんです。いろいろな問題があっても、経済成長しているうちは、なんとか回していけるんです。

斎藤さんは、中国共産党が、なんであれほど自国の経済成長率を重要視していたかは、おわかりですよね。

斎藤　ええ、つい最近まで、成長率が6％を下回ると、豊かさから取り残された国民が不満を募らせ、その矛先が共産党に向くため、共産党の一党支配が維持できなくなるという考えがあったからです。一定の経済成長が実現されているうちは、体制や人権などに多少の不満があっても暴動にはならないということですね。

藤波　日本は中国とは違うから、6％などという高い成長率の目標値を設定する必要はないし、バブル時代のような「熱狂」が必要だとも思っていません。厳密にいえば、生産性を高めて、賃金を引き上げていくということです。特に、生産性の低い産業や企業が、より高い賃金を支払っていけるようにすることは不可欠です。ただ、生産性の低い企業だけを成長させることは現実的ではないので、国全体の経済成長が必要というような表現をしているんです。

経済成長して富が生み出されるから相互扶助ができるし、公共投資もできるわけです。生まれてこの方、経済成長期を知らない若者も増えましたけれど、バブル世代の私よりも年配の人で、もし「もう経済成長なんかいらないでしょ」とか、「心豊かに暮らしていければ十分」などという人がいたら、怒鳴りつけてやりたいですよ。「あんたはもう十分かもしれないけれど、過去30年の低成長のツケを若い世代に押し付けてきたということを少しは理解しろ」とね。

若い人たちが、自給自足で生きていきたいとか、心の満足度を追い求める暮らし方を模索するのとは、意味が違うんですよ。すでに高齢者となっている方やこれから高齢者となる私たちは、この30年間、ある意味若い人たちの犠牲の上に豊かさを維持し続け、これからも彼らが生み出した余剰によって生きていくわけです。

年配者は、そうしたことを理解し、残された時間を、若い人たちが将来に希望を持てる社会を築いていくのに使うことが必要なのではないでしょうか。

斎藤 いやー、藤波さんの熱い思いが聞けてよかったですよ。この一連の話、インタビュー記事としてまとめるから、ぜひ掲載させてくださいよ。今日は本当にありがとうございました。

【注】

5－1 第2章参照。18～19歳の女性に結婚意向をたずねると、結婚を希望しない人は1割強にすぎない

5－2 総務省「情報通信白書令和4年版」第3章ＩＣＴ市場の動向

5－3 データの原典は、独立行政法人情報処理推進機構の「ＤＸ白書２０２１」

5－4 原典は、総務省（２０２２）「国内外における最新の情報通信技術の研究開発及びデジタル活用

の動向に関する調査研究」

5―5　中川雅貴ら「都道府県別にみた外国人の自然動態」人口問題研究74―4（2018・12）pp.293〜319

5―6　第4章で引用した京都大学の柴田准教授の研究成果でも、OECD全体では移民が出生率押し上げに有効であるものの、日本ダミーを加えたモデルによれば、日本では移民の受け入れが出生率を有意に押し下げることが示されている

5―7　散居村とは、主に富山県の砺波平野などでみられる居住形態。複数の家が集まって集落をつくるのではなく、1軒1軒が一定の距離を保ち屋敷林に囲まれた家を建て、家の周りの田畑を耕作するスタイル。新田開発の効率性の観点から、このような居住形態となったとされる。散村とも

第 6 章

現金給付で少子化は改善するのか

オンライン会議システムで、日本総合研究所の3人の研究員が話をしている。会議の参加者は、藤波と桑田（女性）、吉野（男性）。桑田は税・社会保障の専門家、吉野はマクロ経済分析の専門家で、3人は同世代。藤波が、少子化対策についてアドバイスをもらおうと考え、2人を会議に招集した。藤波は、桑田、吉野とは入社以来20年の付き合いで、藤波の問題意識については共有が図られている。桑田、吉野も自分の専門とも関係するため、少子化問題には無関心ではいられない。

税収の自然増で毎年6兆円を確保する案

藤波　最近、少子化問題で、取材を受けたり、マスコミに出演したりすることが多いんだよね。この前なんか、大学院の講義後に学生に呼び止められて少子化問題についてディスカッションしちゃったよ。講義のテーマは公共政策で、少子化じゃないんだけどね。でも、向こうは当事者世代だから、こっちも勉強になったし刺激も受けた。

それでね、必ず聞かれるわけですよ。どうしたら少子化を回避できるのかって。具体的な少子化対策。一言でいうのは難しいし、私なんか日本の経済環境を改善しないと難しいといっている手前、断定的なことがいえなくて、いつも答えに窮する感じなんだ。児童手当だって、いくら必要ですか、なんて聞かれることもあるんだけれど、これもうまく答えられないよ。

吉野 まあ、僕も日本の賃金水準、特に若者の賃金水準が下がりすぎたことが最大の要因だと思うよ。あとは雇用ね。だけど、これって簡単には変わらないもんね。構造変化が必要じゃない。こうしたことは成果がみえにくく、時間もかかるから、児童手当の増額みたいに金額として支援の内容がみえる政策のほうが、政治的には好まれるわけでしょう。先日公表された「こども・子育て支援加速化プラン」のたたき台[6-1]でも、児童手当の増額が前面に出てきていて、とりあえず社会保障で対応しようとしているよね。

桑田 東京都も、18歳以下の子ども1人当たり５０００円という給付金を出すんでしょ。千代田区は、現行の児童手当で年齢や親の年収によって対象外となっている子どもに対する給付金を設けているようだし、各地で給付金合戦になりそうな雰囲気ね。

藤波　私は、児童手当のような現金給付は、全国どこに住んでいても同水準が望ましいと考えているんだ。だから、各自治体が独自の給付制度を乱立させるのは好ましくなくて、できれば国に一本化した上で、国が支給額を引き上げていくのが理想だと考えている。でもその際、問題となるのは国の財源だよね。コロナ禍において、地方自治体は積立金が増えるなど比較的財政に余裕が生まれたけど、自治体を財政的に支えた国は厳しい状況となっている。そもそも、コロナ禍で２０２０年に歳出が一気に増えた時期を除いてみても、国債依存度は高止まりしている。

桑田　そうねえ。少子化対策に恒久財源をという話があるけれど、現状、簡単ではないわよ。もちろん増税ができればいいけど、消費税は２０１９年に引き上げたばかりだし、法人税は、先に防衛費で追加負担の方向性が打ち出されていてなかなか難しい。そもそも消費税だけではなく、社会保険料も着実に上がっているし、賃金が増えない中で、さらなる追加負担を国民に強いるのは厳しいわよね。最近はインフレもあるし。

少子化対策に振り向ける財源確保に向けて、高齢者向けに偏りすぎている社会保障費を削減し、若者に振り向けるべきだという指摘がある。偏りがあることは確かで、少しでも若い人に手厚くすべきというのはわかる。でも、そうした議論が先行してしまうと、世代間対立の火種となり、逆に政治的に一歩も進めなくなってしまう可能性もあるわよ。

藤波　そこで考えたのが、国の税収の自然増収分を少子化財源とするというアイデア。実際、最近、国の税収はかなり増えているけれど、税収のＧＤＰ弾性値は１・１とかいう数字があるじゃない。この10年ほどをみれば、名目ＧＤＰで年率１％くらいの経済成長率があるから、税収も毎年１％は増えると考えられる。

現在、国の税収は60兆円くらいだから、毎年６０００億円ほど税収が増えることを見込んで、これを10年間少子化対策にあてるとすると、10年後にはようやく年間６兆円の財源が確保できる計算になる。増収分を他の施策に一切振り向けないというかなり強引な発想だけど、どうだろう。

桑田　もちろん、政府がそういう方針を決めれば不可能ではないけれど、藤波さんがいう通り、増収分を子育て支援以外には一切振り向けないとなると、いろんなところにひずみを生んでいくことになるわね。

最も影響が大きいのが社会保障。2019年に消費税を引き上げたからといっても、社会保障財源に関する議論に決着がついたわけではなく、社会保障費は今後も増えていくと予想されている。過去10年間、名目GDPは年率1%ずつ増加したけど、同時期、社会保障費は年率でおよそ2%の伸びを記録している。社会保障に対する国の負担は、2022年には36・3兆円まで膨らんでいるので、これも2%増えると考えると年間7000億円の負担増となる。税収の自然増が6000億円あるとはいっても、既存の社会保障費の増加に食われてしまうわけよね。

社会保障費の伸びを経済成長率以下に抑える方針で歴代政権は取り組んできたけど、高齢者が増えている現状では難しい。高齢者向けに偏っている社会保障給付の見直しによって少しでも伸びを抑えていくという方針に誤りはないけど、本来であれば、社会保障の伸び以上に経済成長率を高めるほうが正解なんでしょうね。

藤波　まあ、そうなるよね。

児童手当をどこまで増やすべきか

吉野　そもそも藤波さんは、児童手当としてどのくらいの財源が必要だと考えているわけ？　数千億円程度なら、歳出削減とかでなんとかなるかもしれないけれど、それだと手当として給付しても大した額にはならないよ。

藤波　児童手当のイメージだけど、極端な話をさせてもらうと、若い世代の賃金低下を児童手当のみでカバーするとしたら、１人当たり毎月６万円が必要だと考えているんだよね。子ども２人の世帯であれば、年間で１５０万円近い給付が受けられることになるでしょ。これって、若い世代（大卒男性正社員）の実質年収の低下分に相当する。そうすると、児童手当だけで14兆円の財源が必要になる。今、少子化関連の国の予算は総額で３兆円程度で、児童手当に限れば１・３兆円にすぎないから、あくまで極論だよ。

吉野　一律で月６万円給付すると今の10倍必要になるんだね。まあ、現状その金額は厳しいかな。そもそもの話なんだけど、今18歳以下の人口って、何人いるんだっけ？

藤波　18歳以下の人口は、2020年の国勢調査では1900万人。

吉野　とりあえず、さっきいっていた年間6000億円の自然増収分をすべて児童手当に使えると仮定して、それを1900万人で頭割りすると、追加の給付額として1人当たり月額2600円程度にしかならない。案外少ないよね。

藤波さんがさっき提案していたのは、自然増収をすべて子育て支援にあて続けて、10年後には6兆円の追加財源を確保するということだったよね。その確保に至る手法は無理筋という話だったけど、とりあえず6兆円を確保し、それをすべて児童手当に回すと、1人当たり月額2万6000円になる。すでに児童手当として1万円から1万5000円が出ているから、追加で2万6000円出るとなれば、受給者も支援を受けている感じは出てくるんじゃない。

歳出の見直しと一部増税によって、10年後までに6兆円の追加予算を確保することをイメージしたらどうだろう。政府が、そうした10年間のロードマップを公表し、国民に約束することになる。

図表6-1　先進諸国の家族向けの社会支出（GDP対比）

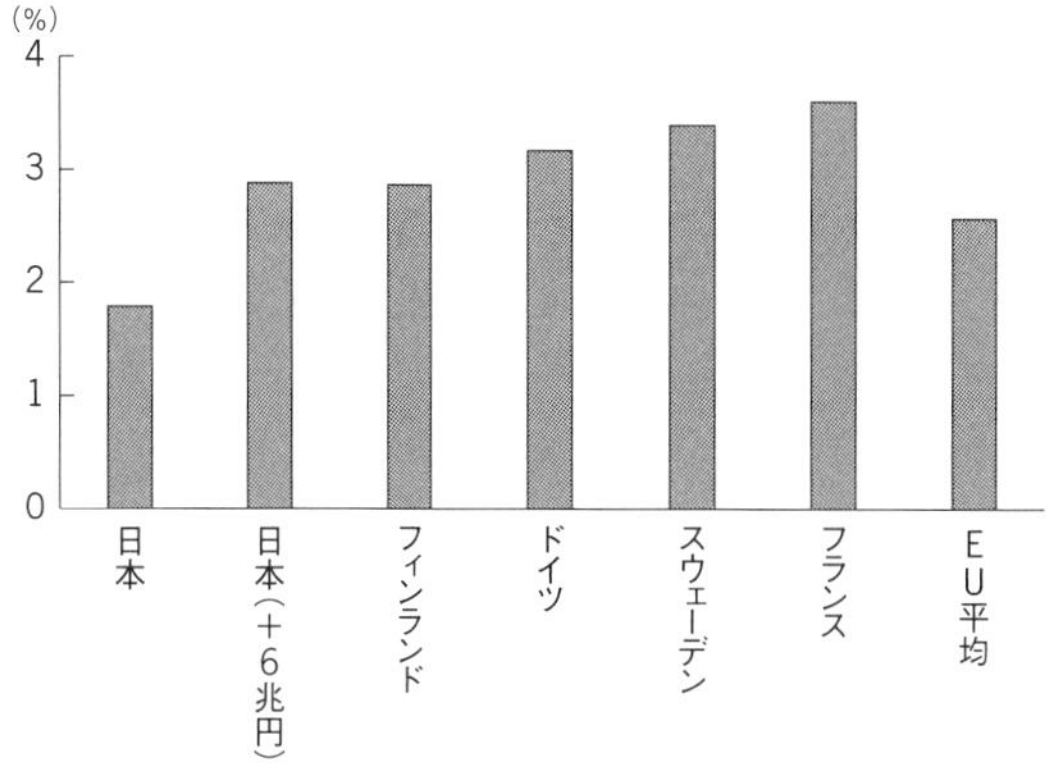

（注）データは2017年
（出所）OECD「Family Database」

藤波　単純に６兆円を追加で子育て支援にあてると、現在３兆円程度の国の子育て支援予算と合わせて９兆円になるから、現行の３倍にする感じになるね。かなり思い切ったつもりだけど、いわゆる子育て支援先進国に比べると、これでもたいしたことはないんだよね。今、先進国の家族向け社会支出のグラフを画面共有するね。

子育て支援向けの支出は、国だけではなく、地方自治体や事業者負担もあり、ＯＥＣＤの基準[6-2]に則って合算しＧＤＰ対比を算出すると、２０１７年は１・79％だった。先ほどの国の追加財源６兆円をここに単純に足し合わせるとＧＤＰ対比は２・88％

となり、ＥＵの平均値を大幅に上回り、現在のフィンランドに並ぶ（図表６－１）。

ただ、２・88％を算出する際の分母に当たるＧＤＰはゼロ成長、すなわち現時点の金額としており、現実的にそうした状況であれば、財源の確保は極めて難しいだろうね。もし年率１％で経済成長すると財源は確保しやすくなる半面、分母であるＧＤＰも大きくなるわけで、日本の社会支出はＥＵ平均程度まで下がってしまう。強気に６兆円などといってもその程度の話であり、フランスなどには遠く及ばない。

多子世帯優遇は不要

桑田　財源確保は相当厳しそうな感じだけど、当然、第３子、第４子に多く給付するような傾斜をつけるわけでしょ。

藤波　そういうことをいっている識者が多いし、すでにそうした施策は、国内外のいたるところにある。吉野さんがさっきいっていた政府のたたき台でもその方針が明記されていたね。でも、結論からいえば、私は全員一律でいいんじゃないかと思っている。確かに子だくさんの家庭は負担が大きいというのはわかる。住宅も広いものが必要となるわけだからね。

図表6-2　出生順位別の出生数と平均出生順位

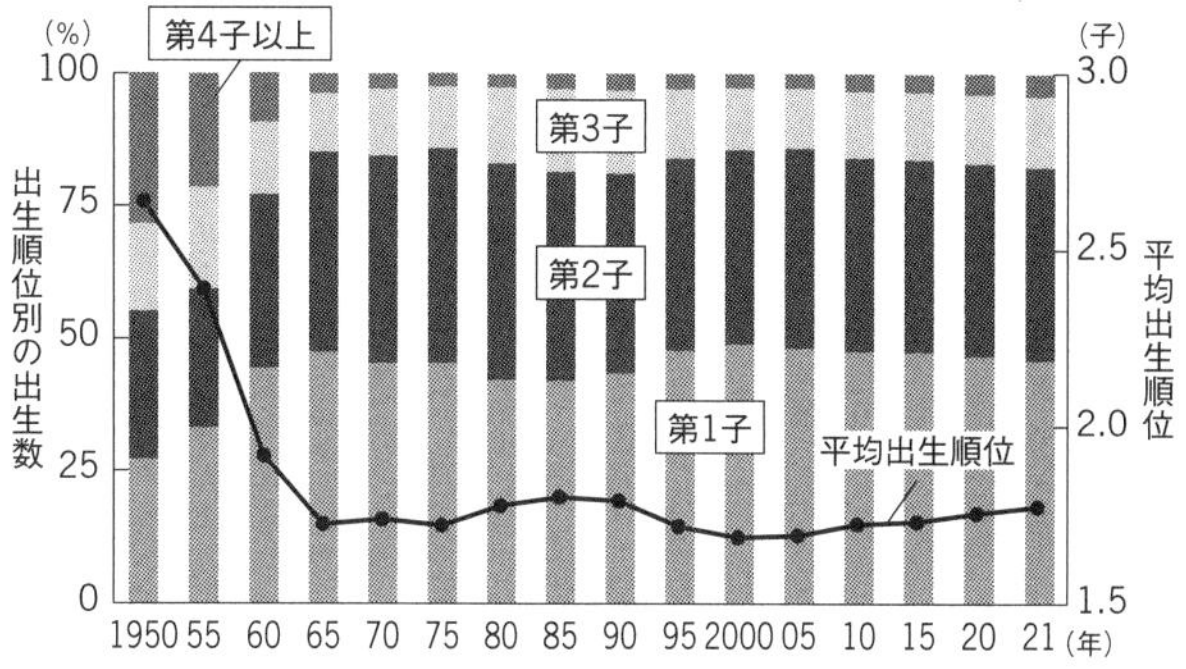

（出所）厚生労働省「人口動態統計」

だけど、露骨な多子世帯支援は、過度に出産奨励的なイメージにつながってしまわないだろうか。生めよ増やせよ的な感じ。前時代的であまり好きじゃないんだよね。

あと、多子優遇を推奨する人が多いのは、ある種の誤解に基づいているような気がするんだよ。それは、多子世帯が減っているから少子化になっているという誤解。図表6－2をみてほしい。これは、出生順位別の出生数の構成比を時系列で示したもの。どう、思っていたのと違わない？

吉野　出生順位別の出生数の構成比は、私が生まれた1965年以降ほとんど変わっていないね。これは意外。完全に認識違いをしていた。最近は、第3子、第4子として生まれてくる子が大きく減っているのかと思っていたよ。僕が子どものころ、同級生で3人兄弟というと、子だくさんのイメージがあったけど、今はそのときよりも第3子、第4子として生まれてくる子の割合がわずかに多い感じなんだね。

藤波 でしょ。多少の波はあるから、一人っ子が多かった世代というのもあるにはある。例えば、2000年前後に出産期を迎えた団塊ジュニアの世代は、確かに生んだ子どもの数が少なかった。結婚から15～19年経過した夫婦の出生数を完結出生子ども数[6-3]というんだけど、団塊ジュニアに近い世代の完結出生子ども数は少なく、一人っ子という家族が多かった。でもそれ以降の世代では、3人以上の子どもを生む夫婦も増えていて、出生数の構成比でいうと、逆に第1子が少なくなっているんだよ。

直近データでは第3子以上の割合が17・7％と、吉野さんが生まれた1965年の14・9％を凌駕している。おそらく多子世帯が減っているという印象は、無意識に、団塊の世代が生まれ、第3子以上の割合が44・9％だった終戦後間もない1950年ごろと比較してのことなんじゃないかな。あるいは一人っ子世帯が多かった団塊ジュニア世代のイメージに引っぱられているのかもしれない。

図表6-3　子のある世帯の所得分布の変化

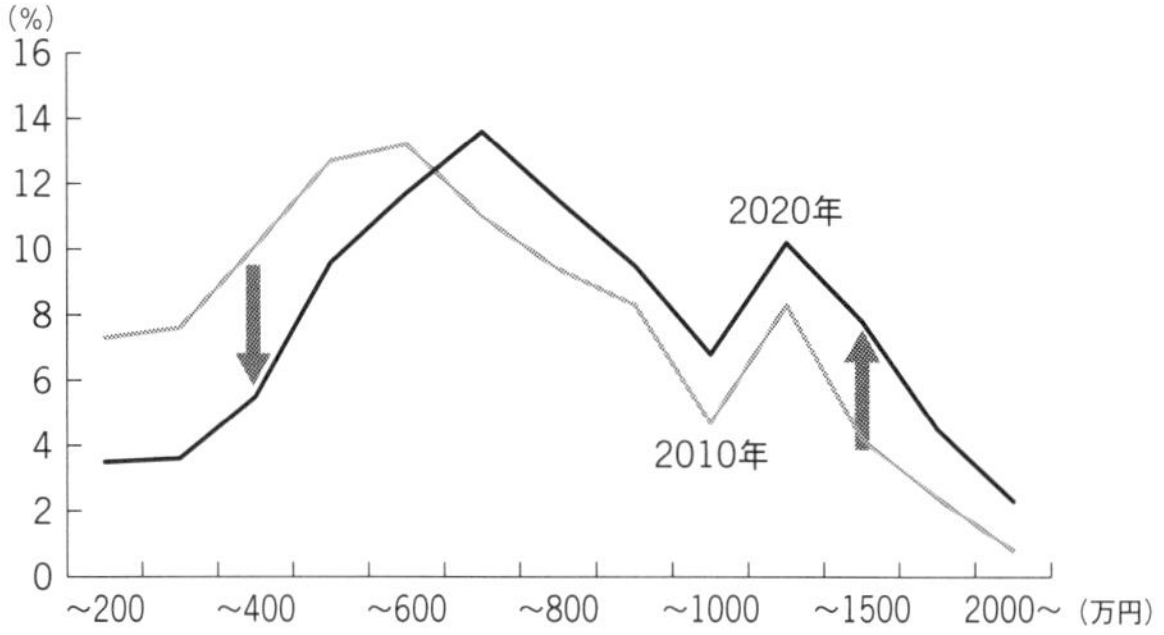

（出所）厚生労働省「国民生活基礎調査」

この10年くらいの間に何が起こっていたのかというと、一般的な印象とは逆に、子どもを１人生んだ女性に占める３人以上の子を生む割合が高まる一方で、そもそも第１子にたどり着かない女性が増えてきたということなんだよ。たどり着かないという表現は正しくないかもしれないけれど、経済的要因で断念している人や、年齢が上がってしまうなどの理由によって、１人も子どもを持たない人が増えているということ。特に経済面での影響が大きいと考えている。直近10年間の世帯所得のデータから、子を持つ世帯が低所得層で減り、中高所得層に偏ってきていることは明らかなんだ（図表６－３）。経済的に余裕のある世帯は多くの子どもをつくり、子どもを持てない人との二極化が進んでいるとみている。

桑田　多子優遇を推奨する人たちは、どういう社会を想定しているんでしょうね。終戦直後の子だくさんの時代？　でも、女性も外で働くことが当たり前の時代に、3人も4人も生むことを期待されても、応えられる人は少ないわよ。それよりも、第1子にたどり着けない人たちを支援する視点も重要ということじゃない？

藤波　こうしたこともあるから、私は、児童手当は一律でも良いと考えているんだ。すべての子どもを分け隔てなく国が支援するというスタンスを示す意味も打ち出しやすい。特に財源が少ないうちに傾斜をつけると、第1子への支給が少なすぎて、出生意欲を高めるインセンティブとはなりにくい感じにならないだろうか。

桑田　私が傾斜配分以上に気にしているのは、あまりに高額の児童手当を配ってしまうと、特に若い母親の労働参加率を押し下げてしまうこと。正規雇用で働く女性が第1子を生んだとき、児童手当が潤沢に支給されることによって、子育てに専念するよう仕事をやめてしまうことはないかしら。就労のインセンティブが、高い児童手当によってそがれてしまうかもしれない。

藤波　ないとはいえないかもね。あまりに高い児童手当は、短期的には出産・育児のタイミングでの女性の離職をうながすことが懸念される。いったん仕事をやめることによって、正規雇用を続けていれば将来得られたであろう収入を失い、生涯賃金が低下するとともに、女性のキャリア構築として望ましいかどうかという問題も生じる。また、生涯賃金が減少することで、結果として2人目、3人目の子どもを生まなくなる可能性についても、今後研究が必要になるだろうね。でも、現状はそんなことを危惧する必要もないくらい低い給付額だから、当面は気にしなくていいと思う。

給付付き税額控除、N分N乗税制の問題点

桑田　現金を給付する仕組みとしては、給付付き税額控除という手法も考えられるんじゃないかな。あと、フランスで導入されているN分N乗税制もにわかに注目を集めているわよね。

給付付き税額控除は、所得税が控除額を下回り、控除しきれなくなった人に対して残りの分を現金給付する仕組み。児童手当の代わりに子どもがいる世帯に導入する形となる。N分

N乗税制は、家族の規模が大きくなると税制優遇となる制度よね。夫婦の所得を合算した上で家族の人数で割り、その所得金額に対して累進課税をかける仕組み。うまく考えてあるわよ。

吉野　給付付き税額控除は、一時期すごく注目された制度だね。悪くはないけど、制度を複雑にするだけのような気もする。やっていることは基本的に給付金と同じで、税務処理で完結させるか、いったん税を徴収した後に改めて給付するかの違いでしょ。僕は給付付き税額控除のほうがよいと思うけど、所得捕捉の問題もあり、制度の変更は簡単ではないね。まして、児童手当を代替させるだけにしては大ごとすぎるよ。すべての社会保障をこの仕組みに乗せるというのならいいけどね。

N分N乗税制は、家族を大きくしようというインセンティブが働くから、少子化対策としての効果は優れている制度だと思う。半面、高所得者や片働きの世帯が優遇されやすい制度だし、課税単位を個人から家族に変えるという、ある意味、課税理念を根本から変えるような大きな話だし、現在の日本で導入するのは現実的ではない気がするよ。

桑田　忘れてはいけないことの1つに、税制優遇や減税でも財源が必要ということよね。いろんなところで、税制優遇や減税というと、財源の議論から解放されると考えているとしか思えない意見が散見されない？　減税は決して打ち出の小づちではなく、他の歳出に影響を及ぼさないようにするには、給付と同じで財源がいるということは忘れてはいけないと思う。

所得制限は撤廃すべきなのか

吉野　あとさ、国会でもかなり議論された児童手当の所得制限撤廃についてはどうみているの。さっき話したたたき台にも明記されていたよね。

藤波　私は、すべての子どもを分け隔てなく支援するというのが児童手当の本来の役割だと考えているので、所得制限はなくていいと思う。でも、児童手当に所得再分配的な役割を見いだす考え方もあるから、一概にはどちらがいいとはいえないかもしれないね。

さっきもいった通り、子どものいる世帯が中高所得層に偏ってきていて、とりわけ低所得世帯における無子化の進行は明らか。もちろん、低所得世帯で未婚者の割合が高まっていることの表れでもあるんだけどね。こうしたことから、児童手当に所得制限をかけ、低所得の子育て世帯をより手厚く支援するという考え方は妥当に映る。

ただ、すでに今も所得制限はあるんだし、こうなると何も変わらないよね。所得制限を現状より低い600万円まで引き下げ、低所得世帯への給付をいっそう手厚くするという発想も可能だけど、これだと逆に改悪の印象となる。

しかも所得制限付きで児童手当を増額していくと、同じ子育て世帯の中で、中高所得層から低所得層への再分配機能を高めることになるため、現状、有子世帯の割合が高い中高所得層の出生意欲をそいでしまう懸念はないだろうか。

こうした制度設計の難しさも相まって、私は、児童手当の所得制限や多子加算はなく、全員一律でいいんじゃないかと考えているんだけれど、どう？　そもそも、すべての子どもの育ちを支えるのが児童手当の目的で、再分配を意図したものじゃないという考え方はおかしいかな。

桑田　藤波さんもさっきいっていたけれど、現実的には若い世代の賃金低下をカバーする意図もあるわけで、これはまさに再分配よね。ただ、現在の児童手当って、所得制限が800万円くらいに設定されているじゃない。これって中途半端な印象を受けない？　再分配という意味では高すぎて中所得者まで対象となっているため、１人当たりの給付額が少なくなってしまっている。すべての子どもの育ちを支えるという意味では、高所得世帯が置きざりよね。単に財源不足をカバーするために、高所得者を外したという印象だわ。

　制度設計においては、再分配なのか子育て支援なのかを明確にすることは不可欠なんじゃないかな。

　まあ、児童手当でどこまで支援するかということについては議論の余地はあるけれど、ある程度支援されている感じを受けてもらい、「しょぼい」とかいわれないためには、兆円単位の予算が必要ということになるわけね。これは、やはり増税か、他の社会保障と同じように保険料を徴収する仕組みを別途考えないと難しいのではない？

藤波　国でもそうしたことを考えている人たちがいて、「子ども保険」というものの創設について議論が交わされている。ほら、以前、小泉進次郎代議士を中心とする若手議員グループが提案していた[6-4]こと、覚えていない？

吉野　もちろん知っているよ。官僚の山崎史郎氏が書いた『人口戦略法案』（日本経済新聞出版）でも、「子ども保険」の私案が示されていたもの。

桑田　もちろん私も知っているわよ。もし導入されれば、介護保険に次ぐ新しい社会保険制度の創設となる。官僚が書いただけあって、かなりしっかりと練られた印象だった。

藤波　そう、あの私案では、子ども保険の財源としては、国民、企業、行政の三者が負担し、総額10・2兆円を集める。それを、児童手当増額のほか、両親手当として出産・育児の際の休業補償などの支援制度の拡充と児童虐待防止などの環境整備にも充当するとしている。児童手当としては、財源のおよそ半分に当たる5・3兆円を投じて多子世帯に手厚く給付する仕組みを提案しているよ。

桑田　山崎私案は、現行の制度を子ども保険に一本化して、現行制度に比べて事業規模を6・8兆円増やして予算規模10兆円とする目論見よね。そうなると、配分の方法は別にして、10年後に事業規模を6兆円増やそうという、さっき私たちがしていた議論に近い金額をイメージしていると考えてよさそうね。

私たちは国の税収の中から捻出する方法を議論していたわけだけれど、山崎私案が異なる点は、保険という仕組みを新たに作り、直接国民と企業に負担を求めようとしている点。わかりやすいので、私はいいと思うけど。

子ども保険創設への課題

吉野 課題は、私案では国の負担は増やさず、増える分を保険料としてほとんど国民と企業が負担している点だね。増える予算6・8兆円の96％を国民と企業が負担する設計となっており、最終的に国民は4・7兆円、企業は3・2兆円を負担することになる。国民負担の額が結構バカにならないよ。もちろん、最初からフルで保険料を徴収することはせず、段階的に増やしていく制度設計になるとは思うけど、4・7兆円の国民負担を1人当たりに単純平均すると年額4・3万円となり、これが最終到達点というわけだね。他にも企業負担の3・2兆円は、本来給与となるはずだった分だと考えると、結局、国民負担率は子ども保険財源全体の77％に達する。

桑田 国民負担率が高いことは私も気になった。似たような制度で介護保険があるけれど、これは国民負担率が50％に設定されているから、子ども保険における山崎私案の国民負担率は目を引くわね。

確か『人口戦略法案』の中でも、国民負担率の高さについて、懸念する記述があったわよね。でも、国民にすべて還元されるからということで、「若者への投資」として理解してもらおうということになっていた。まあ、結局、国として恒久財源を見いだせない中でひねり出した苦肉の策ということなんでしょうけどね。

吉野　すべての国民が子育て世代を支えるというメッセージを出す意味で、国民が薄く広く保険料として支払うというのは、正しいことかもしれない。ただ、僕からみれば、気になる点は山ほどあるよ。まず、国民にすべて還元されるといっているけれど、国による保険制度は、基本的にすべてそういうものですよ。言葉が正しいかどうかわからないけど、取った分を返す中立な仕組みなわけ。

でも、中立という意味でいえば、保険料だけではなく、税だって同じ。国が蓄財しているわけではなく、基本的に税収は国内に還元される。適切な子育て支援策が示されていれば、保険だろうと税だろうと「若い世代への投資」にすることはできるはず。問題は、政治的に増税が難しいという理由で、新たな国民負担の仕組みを「保険」という名を借りて作り出すことに、道義的な正当性があるかどうかということじゃないかな。

桑田 確かに保険という名前になじむかどうかは議論が残るところよね。受給者が一定金額を全員もらえる制度だからね。イメージとしては、年金に近いかもしれない。

そもそもなんだけれど、私たちはこうした社会保障に対して、掛け金のような形で国民が直接負担することに違和感はない。でも、社会保障制度を国が丸抱えしている例もある。例えばニュージーランドなんかはそうで、年金をはじめ社会保障制度の財源は、基本的に税によってまかなわれている。財源を社会保険料にするか税にするかということに根源的な差異はないことから、増税できないから社会保険でという発想は確かに気になるわね。

藤波 確かに。そもそも、10兆円規模の山崎私案は介護保険と同じ事業規模だし、しっかりとした議論が必要であることは間違いない。

吉野 子ども保険の山崎私案でもう1つ気になる点は、3・2兆円に及ぶ企業負担だね。企業がすでに負担している分を除くと、2・4兆円を追加で負担することになる。介護保険でも同様に企業負担があるので問題視すべきことかどうかわからないけれど、そもそも国の法人税収って10兆円規模しかないわけで、保険料として2・4兆円を追加で負担するというのは、経営者からすれば、「はい、そうですか」と出せる金額ではないと思う。

何より、企業の負担は国民負担と同じだと考えたほうがいい。企業負担は、賃金として支払うか、保険料として支払うかの違い。当然、賃金の下押し圧力になるよね。

すでに、企業負担という意味では、法人税が防衛費の予算拡充にツバを付けられてしまっていて、さらなる法人税の増税は難しい。そのため、保険料という形で負担してもらおうということであれば、別の問題が生じると思う。

このところ法人税は引き下げ基調にあったから、あまり問題にはならないのかもしれないけれど、そもそも法人には政治への投票権がないじゃない。だから、政治は往々にして財源不足分を法人に付け回そうとしてしまいがちだと思うんだよね。法人住民税に超過課税を課す市町村が多いのはそういうことでしょう[6-5]。今回の防衛費の話もそうかもしれないよね。

でも、さっきもいった通り、法人負担分は、本来賃金として従業員に支払われるべきものだったかもしれない。景気へのマイナス影響も懸念されることなので、安易な企業への付け回しについては、慎重さが求められる。

桑田　児童手当など現金給付を拡充していくことは絶対必要だと思うんだけれど、財源確保を優先するあまり、拙速な新制度の導入には注意が必要よね。どのような制度にするにしても、まずは国民がお金を出しあって若い世代を支えることに対する合意形成を図ることが重要なんじゃないかな。もちろん、子ども保険でもいいんだけれど、将来的には介護保険と同じ規模の新たな社会保険制度が作られることになる。一度は総選挙の場で各党の意見を戦わせるほど大きな話だし、新しい制度を導入する際には、与野党合意が必要なほどの案件だと思うわ。

給付増のための増税が少子化に拍車をかける？

藤波　その通りだと思う。あと、消費税と法人税は上げづらいという話が出たけれど、そのほかの税目はどうだろう。増税の目はないかな？

桑田　あるとすれば相続税・贈与税かな。相続税は、昭和の時代からみると、基礎控除枠の拡大などによって、相続資産額に対して税収が減る方向に改正が行われてきた経緯がある。その結果、資産額に対して納付された相続税の負担割合は1991年の22・2%から下がり続け、一時は10・8%（2004年）となったことがある。

ただ、2015年の改正では、格差是正や富の再分配を目的として基礎控除枠の引き下げが行われ、その効果が少しずつ出ているみたい。最近は13%（2018年）まで回復し、税収も増加基調にある。もし、昔のように高い負担割合を実現することができれば、単純計算で1兆円以上の増収が期待できる。そのほか、贈与税も合わせて見直せば、さらなる増収も可能よね。

もちろん、もともと相続税・贈与税は合わせても税収が2兆円程度にすぎないから、増収とはいっても、さっきの話の6兆円をカバーできるほどにはならない。ただ、相続資産額は毎年16兆円程度だから、制度設計次第では、より高い納付率を設定し、さらなる増収を目指すことも可能かもしれないね。

まあ、取らぬ狸の皮算用をしているわけだけれど、もともと相続税には、高齢者に偏った富の再分配機能がある。だからといって、いくら子育て支援のためとはいえ、個人の資産をどこまで国が徴税してよいのかという点については、慎重な議論が必要だと思う。

藤波　それ単独では難しいけど、1つの候補ではあるね。あと、時代の流れもあるから、配偶者控除を廃止して、その増収分を子育て支援にあてるというのも一案だけど、若年子育て世代では、妻がパートなどで働いている場合も少なくない。こうした現状では、なかなか難しい判断になるよね。これは時間をかけて取り組むことが必要かな。

吉野　総括的な話をさせてもらうと、現金給付は多いに越したことはないけど、その財源確保のために増税や社会保険料の引き上げを安易に行えば、景気の下押しにつながる可能性がある。景気の悪化は、立場の弱い人たちの賃金や雇用環境に悪影響を与えやすいということ。そして、立場の弱い人たちこそ、若年層や非正規雇用で働く人たちであり、その多くが結婚・出産期にある人たちということになる。これは、バブル崩壊以降の日本の最も重要な教訓だよ。税や社会保険料の引き上げは、慎重に行うことが必要だ。

桑田　あと、増税や社会保険料の引き上げによって児童手当の財源を確保する場合、結婚は希望しているけれど、自らの経済・雇用環境の状況から結婚することが難しいと考えているような人たちにとっては、さらなる逆風となることも懸念される。藤波さん、非正規雇用で働く女性などでは、結婚はしたいけれどあきらめてしまっている人たちが相当数いるというようなことをよくいってるじゃない。そうした人たちにとってみれば、負担ばかりが増えていく形となる。

藤波　難しい問題だね。現金給付の財源を確保するために大きな増税や社会保険料の引き上げを行えば、経済環境の悪化を通じて、少子化に拍車をかける懸念がある。さらに、負担増から結婚をあきらめるような人がさらに増える可能性も否定できない。

拙速に増税ありきで議論を進めるのではなく、児童手当などの現金給付に関しては、中長期的な目標設定、例えば10年後の支給水準を明示した上で、そこに向けて着実に支給額を増やしていくために、財源の問題を含めて少し時間をかけて議論を深め、最終的には各政党で政策を出しあった上で国民に信を問うべきなんじゃないかな。税で負担するにしても、保険制度にするにしても、結局は数兆円の恒久財源を国民負担でお願いするわけだから。

児童手当の引き上げの財源に関しては、当面はいろんなところから少しずつ捻出したり、歳出削減で進めたりしていくしかない。でも、ある程度の額を積み増した段階で、必ず恒久財源の必要性という壁が立ちはだかるはずだよ。そのときには、反対も多いだろうけれど、消費増税に踏み出さなければいけないと思うんだ。

消費税はすべての世代が負担するから、制度設計を誤らず、金の出入りをしっかり管理できれば、年配者から若い世代へ、富を移転することが可能となる。ただ、現状若い世代の増税に対する反感には根深いものがあり、そう簡単には理解を得られる状況にはないことは覚悟している。「社会保障制度の維持のため」などというどんぶり勘定の説明では、若い世代は、結局、高齢者を支えるための負担増と考えてしまいがちだ。

また、増税や社会保険料の引き上げによって子育て支援のための財源を確保しようとすれば、同じ若年層でも、子どもを持たない、あるいは子どもができない人たちにとって、負担増となる可能性がある。子どもを持たない人にとっての影響を少しでも緩和するため、賃金の引き上げなど経済環境の改善を恒常的に図りつつ、若者向け・次世代育成のための財源を確保することを目的とした増税である旨をしっかり説明し、時間をかけて理解を得ていく必要があることは間違いない。

拙速な議論で中途半端な制度を導入するのが一番よくない。現状は、国政選挙は当面予定されていない。今は各党で大きな方向性を出しあい、議論を深めるべきなんじゃないかな。

【注】

6－1　2023年3月、政府により発表された少子化対策のたたき台

6－2　OECDでは、家族政策支出と呼ぶ

6－3　出生過程がほぼ完結した結婚持続期間15～19年の夫婦の出生子ども数。国立社会保障・人口問題研究所の出生行動基本調査より

6－4　当時は、「こども保険」という名称で提案されていた

6－5　蜂屋勝弘「地方税収の将来像と地方税源の在り方」日本総合研究所JRIレビュー2020 Vol.4、No.76。地方税において、個人住民税に超過課税を課している市町村は横浜市と豊岡市の2団体にすぎないが、法人住民税に対して超過課税を課しているのは、均等割で387団体、法人税割で996団体と圧倒的に多い。蜂屋によれば、法人に対する超過課税を課す団体が多い理由としては、「実施に向けて議会を通す必要はあるものの、有権者である地域住民の直接の負担にならないことから、個人住民税に比べて超過課税実施への抵抗感が小さいといった事情が考えられる」としている

第 7 章

経済を上向かせるための
ポイント

第6章に引き続き、オンライン会議で日本総合研究所の研究員、藤波、桑田（女性）、吉野（男性）が話をしている。3人は同世代で、桑田は税・社会保障の専門家、吉野はマクロ経済分析の専門家だ。少子化対策に不可欠な視点である経済環境の改善について議論を深めていく。

中小企業の賃金引き上げがカギ

藤波　経済成長がほとんどない中で現金給付を増やしていこうにも、大きな財源の確保に限界があることは間違いない。しっかりと経済成長をうながし、財源が捻出できる環境をつくりつつ、若い世代の経済・雇用環境を改善していくことが重要だと思うんだ。

そこで、足下で急速に進む少子化の改善に向けて必要となる対策のもう1つの柱である、若い世代の経済・雇用環境の改善についても話を聞きたいと思っている。

吉野　経済の重要性は感じるよね。さっき藤波さんがいっていた通り、この10年ほどをみれば、名目経済成長率は年率１％くらいだ。ところが、桑田さんの話によれば、社会保障費は年率でおよそ２％の伸びを記録している。この事実１つをとっても、１％程度の経済成長率では不十分ということだよね。

ただ、ＧＤＰはあくまで結果であり、経済成長率を高めよと号令をかけても意味はない。成長をうながす取り組みが必要なわけだ。藤波さんがさんざんいっている賃上げだって、これまでもずっと日本社会の課題だったわけで、決して政府も無策だったわけではない。安倍晋三政権は、官製春闘と揶揄《やゆ》されつつも財界に賃上げを求め、主要企業は２０１４年の春闘において賃上げ率２％で応えた。

しかし、長期的にみてとりわけ若い世代で賃金の伸びが抑制されてきたことは異論のないところ。そもそも若い世代が上の世代に比べて貧しくなっているというのは、道義的な面からみても日本社会の大きな問題だよ。本来こんなことはあっちゃいけないし、少子化は当然の帰結だ。次の世代は、少しずつでもいいから前世代よりも豊かになっていく、これが人間社会のあるべき姿だろう。

藤波　賃上げについていえば、やはり中小企業の立ち上がりの弱さが気になる。今、画面共

図表7-1　企業規模別、35～39歳男性正社員の年収の推移

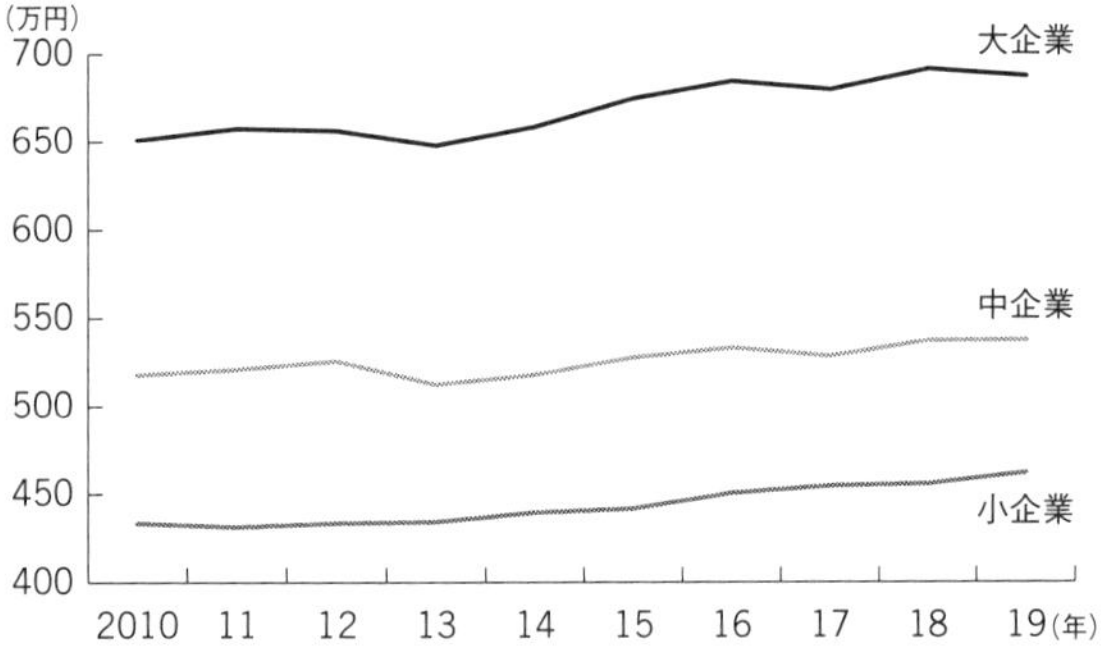

（注）企業規模は、従業員数による。大企業は1,000人以上、中企業は100～999人、小企業は10～99人
（出所）厚生労働省「賃金構造基本統計調査」

有した図表7－1は、賃金構造基本統計調査の結果なんだけれど、若い世代を代表して、35～39歳の男性正社員を切り出して2010年以降の年収の推移を示したものだ。企業の規模別に示してある。

やはり、官製春闘のあった2014年以降、緩やかではあるが賃金は伸びていたことがわかる。しかし、伸びが明らかだった大企業に比べて中企業[7-1]の伸びがひときわ芳しくなかったようだ。結果的に、9年間で大企業では36万円増えたが、中企業では20万円にとどまった。一方、伸び率では大企業に比肩した小企業でも、実額ベースの伸びは28万円にとどまり、大企業とそれ以外の賃金格差は開いたといってよい。2023年の春闘でも、政

図表7-2 企業規模別、雇用人員判断D.I.の推移

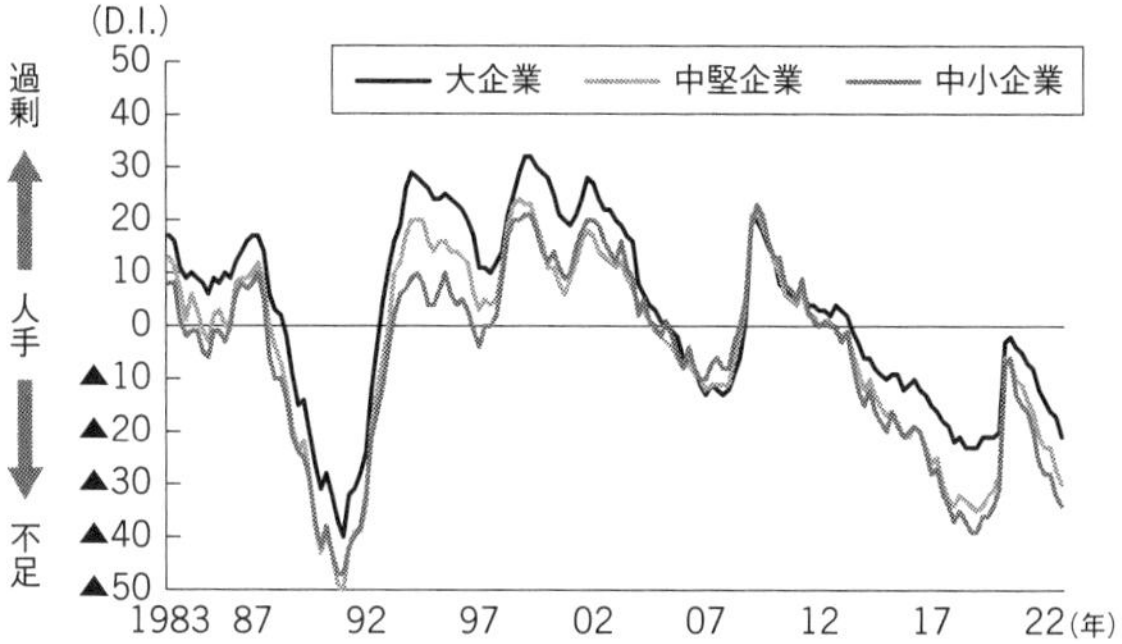

（注）企業規模は、2004年3月調査以降は、資本金にもとづいており、大企業は10億円以上、中堅企業は1億円以上10億円未満、中小企業は2,000万円以上1億円未満。それ以前は雇用者数にもとづいていた

（出所）日本銀行「全国企業短期経済観測調査（短観）」

府の要請に応える形で経団連（日本経済団体連合会）が主導して賃上げが進む見込みなんだけれど、中小企業ではそれに追随できない可能性が高そうだよね。

もちろん大企業の賃金が上がるのはいいことで、中小もそれに追随できるといいのだけれど、金額ベースでみると、なかなかそうはなっていないようだ。中小以下の賃金が伸びなければ、大企業との格差は拡大する一方となる。

吉野 この図表をみてほしい。図表7－2は、日銀短観から引っ張ってきた企業規模別の雇用人員判断D．I．。下に行くほど人手不足の企業が多いことを意味しているんだけれ

図表7-3　一生結婚するつもりのない35歳未満未婚者の割合（2015年）

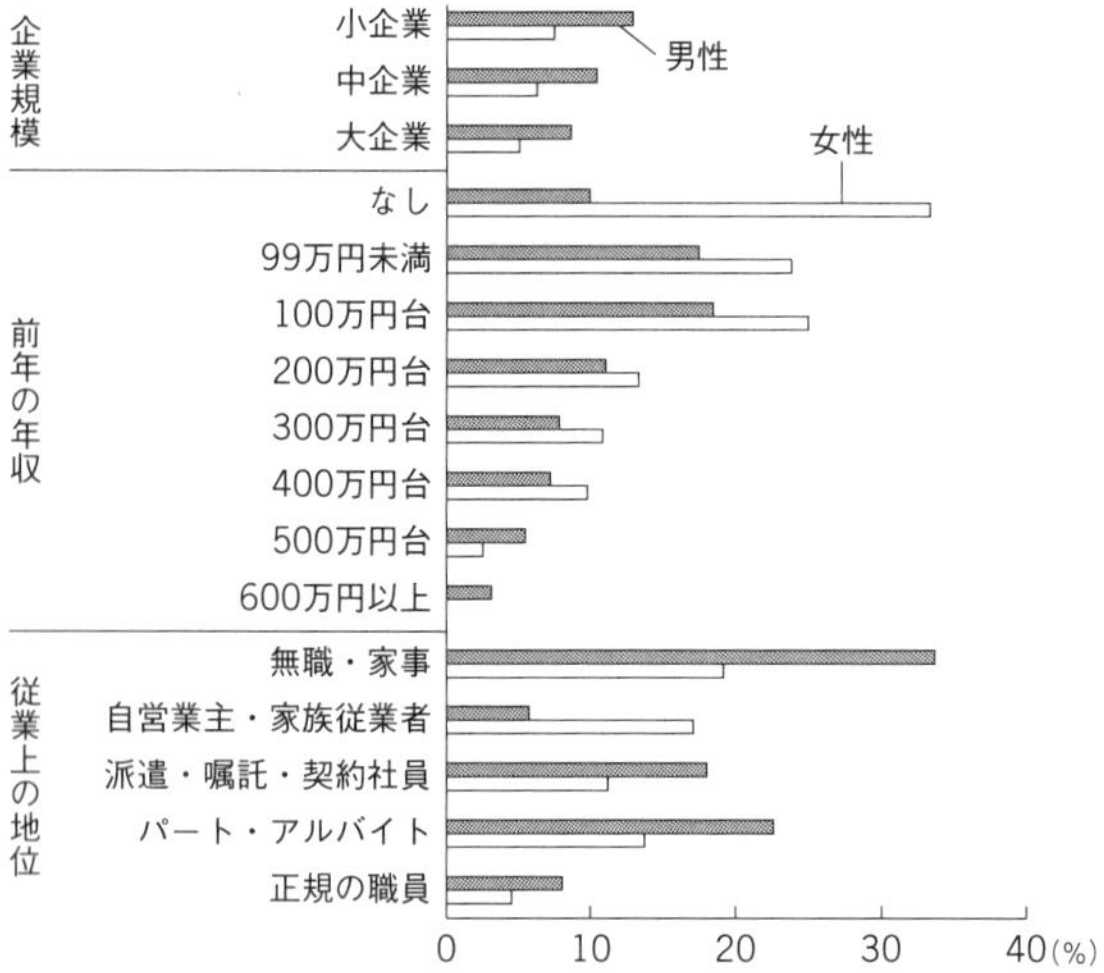

（出所）国立社会保障・人口問題研究所「出生動向基本調査」

ど、基本的に中小企業は大企業に比べて絶えず人手が不足している状況なんだよ。なのに、賃金格差が縮まってきていない。問題は中小の賃金引き上げだと思うんだけれど、もともと経費に占める人件費の割合が高い傾向にある中小企業でどこまでできるか。

藤波　賃金水準と結婚には切っても切れない関係がある。図表7－3は、国立社会保障・人口問題研究所の出生動向基本調査（2015年）で、「一生結婚するつもりはない」といっている35歳未満の未婚者の割合なんだけれど、賃金が高く雇用の安定性が高いほど、男女とも顕著に低くなっているよね。賃金ほどではないけれど、企業の規模も影響している。女性でも、年収と婚姻意思が強く結びついていることがわかる。少子化における課題は、男女とも、低賃金の人の収入をいかに引き上げるかということにかかっているといっても間違いじゃないよ。

桑田　女性の結婚の意思が、年収によって異なっているのが興味深いわ。また、年収による差異と同じことを示唆しているのだと思うけれど、非正規雇用の影響も明らかね。正社員に比べて、パートやアルバイトの人の結婚意欲が弱いことがわかる。藤波さんが、よく非正規雇用女性の出生意欲の低下を問題視しているのは、このあたりの結果からなのね。

ただ、図表７－３の見方はたぶん藤波さんのであっていると思うけれど、もしかしたら、結婚意思のない人は家族を養っていこうという発想が弱くなるから、おのずと所得を増やす意欲が低くなっている可能性もある。その点は注意が必要よね。

人手不足を意図的につくり変革を生む

吉野　大企業の賃金水準が十分かといえば、必ずしもそうとはいえないけれど、中小企業の賃金の低さは、改善していかないといけないことは間違いない。じゃあ、どうするか。

やはり考えないといけないのは、低賃金の労働力を前提としてきた企業や産業分野に対して廃業・撤退をうながすことだろうね。本来であれば、こうした企業や産業は競争力がなくなり、自然とマーケットから淘汰されていたはずなんだよ。それを、例えば低賃金労働者を供給するような仕組みをつくったり、金銭的に支援したりするような政府の手厚いサポートのおかげで、生きながらえてしまったという面がある。

いや、これはいいすぎかな。生き残ることは決して悪いことではないんだけれど、そうした支援が、本来、民間企業が生き残るために行う当たり前の投資や工夫、業態転換を怠らせてしまったと思うんだ。

安い価格で商品を作り続けようと思ったら、機械化投資が必須だよね。それを安い労働力を使って人海戦術でやり過ごしてきてしまった。政府の支援は、投資や生産性向上をうながすためのものであるべきだったんだけれど、多くが単なる資金繰り支援や低賃金労働者の供給になってしまった。こうしたことが、企業の賃上げ意欲を失わせてしまった面はあると思う。ある意味政府の支援は罪だったと思うよ。

桑田　それは私も痛切に感じるわ。企業を守るのではなく、労働者を守るという発想ね。ここで出てくるのが、最近急速に注目度が高まっているリスキリング。たとえ企業の倒産や事業からの撤退、業態転換などによって失業者が出ても、行政が手厚い再教育プログラムを用意し、成長分野に有用な人材として送り込む。こうした地道な取り組みが、賃金の引き上げのみならず、日本の経済成長につながっていくということよね。

藤波　実際、コロナ禍でもＩＴ分野の事業者は、結構人手不足だったよね。コロナ禍当初の２０２０年には、小売りや飲食系のサービス業で多くの非正規雇用が失われたけれど、実はその裏でＩＴ業界は人手不足が深刻な状況にあり、積極的に正社員を採用していた。このようなときに、ＩＴなどさまざまな技術に関して、レベルに応じてリスキリングできる環境があり、成長分野への再就職も可能となることが理想だよ。

吉野　僕は思うんだよね。人手不足っていろんな意味で変革を生むって。人海戦術でどうにもならなくなって、ようやく賃金は上がるし、生産性も上がる。特に成長分野として期待が高いＩＴ系の人材は、あらゆる産業で必要になっていくわけでしょう。

そういう絶えず人手不足という環境を意図的につくっていくことが必要な時期に来ていると思う。そのためには、低生産性企業の救済からの決別とリスキリング、さらには低賃金労働者を供給する仕組みを極力排除することかな。特に非正規雇用というカテゴリーを見直していくことは不可欠だと考えている。

桑田 私もその意見に同意だわ。子育てや介護にかかる時間を確保するため、派遣やパートといった働き方を希望する女性は多いという指摘はあるけれど、別に非正規雇用である必要はないと思うわけ。すでに大企業では、正規雇用の時短労働者が多く働いている。

基本的な労働条件は一般的な労働者と同じで、単純に労働時間が短く、それに応じた賃金になっているというだけね。賃金のベースは上がるし、会社が用意する教育プログラムを受けることもできる。福利厚生の水準も上がることが期待される。時間的余裕ができたら、短時間勤務をやめて通常労働に戻ればいいだけ。散々、同一労働同一賃金だっていってているわけだし、それが当たり前になっていく社会が必要だと思う。

吉野 だいたいさ、いつまで「女性活躍支援」とかいっているんだよって感じ。人手不足なんだろ。女性も大学進学率が５割を超え、能力的には遜色ないはずなのに、それが実社会でまったく評価されていない。大学の卒業式をみてみなよ。総代や学生代表としてあいさつしている卒業生のほとんどが女性だから。

少し前までＩＴ系は男の仕事なんてみられていたけれど、今じゃ女性も積極採用しているよ。労働力として女性を生かせない企業は、競争力を失っていく時代になっているんだけれど、それに気づいていない経営者が多いということなんじゃないかな。特に中小企業ね。

非製造業で研究者が増えていない

藤波　吉野さんから大学進学率５割超えの話が出たけど、そうなってくると次は大学のカリキュラムの見直しも必要となってくるよね。社会が必要とする高度な知識や技能を持った人材をより多く輩出する教育機関としての大学の役割が重要となる。

先日、某新聞社の論説委員の人と話をしたんだけれど、ＩＴ人材の不足の話になった。私自身は、大学が産業界のニーズにとらわれてしまって自由な学問の場でなくなることはよくないと考えている。でも、あらゆる産業でＩＴやＡＩなどが活用されている時代だから、デジタルに関する学びは、すでに英語と同じように読み書きそろばんくらいの基礎的素養になりつつあると思う。文系理系を問わず、ＩＴについても学びを生かすことができる人材の育成が必要なんだろうね。

吉野　僕はもっとドラスティックな大学改革が必要だと思ってる。大学教育は根本から見直すべきという意見なんだよね。男女とも半数以上が大学に進学し、多くの学生が奨学金を借りてまで学びに来るんだよ。もっと実践的なことを教える場や機会を増やすべきなんじゃないかな。

もちろん、歴史だって宇宙の謎の研究だって大切なことだから、なくしてしまえなどとはいわないよ。僕だって、人生をやり直せたら、宇宙の起源やダークマター（正体不明の暗黒物質）の研究をしてみたいもの。でも、一般企業では、ダークマターの研究者に対するニーズはそれほどないよね。日本中をダークマターの研究者にするわけにはいかない。やはりある程度、産業界のニーズというものに沿った人材を育成していってほしい。

現在は、世界中でＩＴをからめた高度人材の奪い合いが起こっている。大学は、卒業後の人材需要にある程度見合った学部・学科構成に近づけ、学生を受け入れていくべきじゃないかな。今の時代だったら、ＩＴやデータサイエンス、統計、数学などの理系分野の人材の輩

図表7-4　主要国の企業研究者数の推移

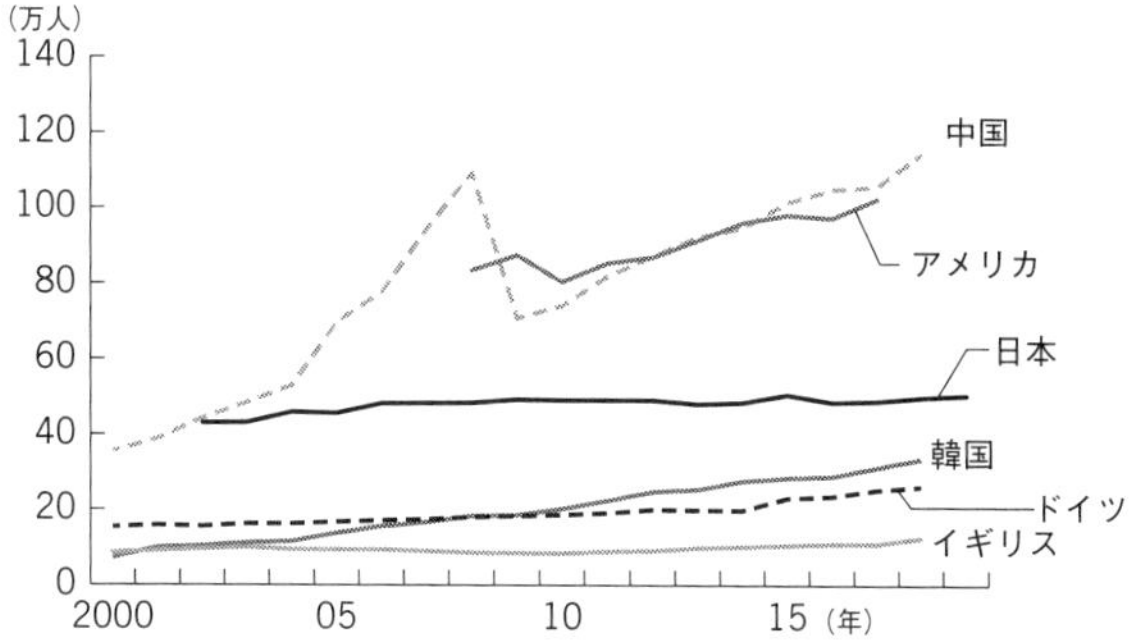

（出所）文部科学省科学技術・学術政策研究所「科学技術指標2020、調査資料-295、2020年8月」

出比率を増やすべきだ。

藤波　先日、文部科学省が設置している科学技術・学術政策研究所の科学技術指標をみていたら、厳しい数字をみつけたよ。図表７－４は、主要国における企業に所属する研究者数の推移を示したものなんだけれど、２０００年代に入って日本はまったく増えていないことがわかる。米中が日本の２倍以上なのはさておき、韓国にも追い上げられている。

特に厳しいと思うのが、日本における企業の研究者は、依然として製造業が９割を占めていて、非製造業がほとんど伸びていないことなんだよ。図表７－５をみてほしいんだけれど、これは、横軸に製造業の研究者、縦軸に非製造業の研究者を

図表7-5　業種別、主要国の企業研究者数の推移

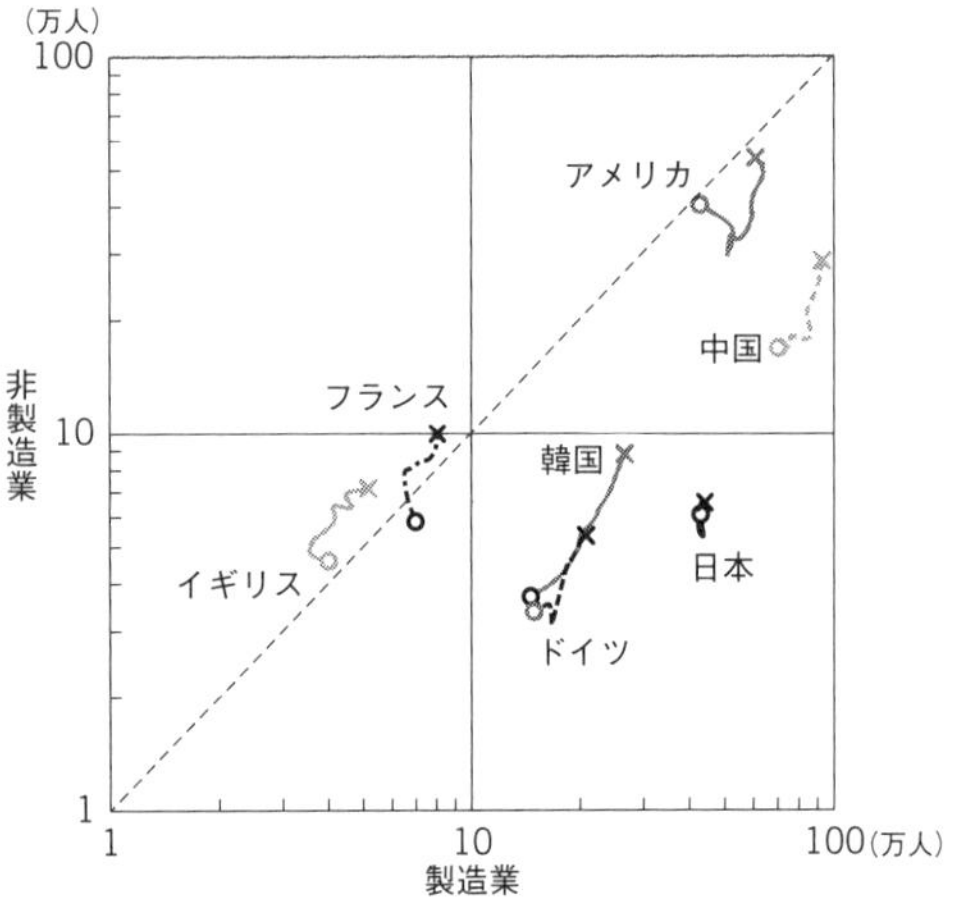

(注) 調査期間は国によって異なるが、おおむね10年前後。○が開始年で、×が終了年
(出所) 文部科学省科学技術・学術政策研究所「科学技術指標2022」調査資料-318 (2022年8月)

取ったもの。企業に所属している研究者の数だよ。両軸とも対数目盛になっていることには注意して。

国によって期間が微妙に違うけれど、だいたい直近10年間をプロットした。どの国も右上方、もしくは上方に伸びているのがわかるでしょう。ところが、日本だけ、ほとんど点じゃない。製造業も非製造業も研究者を増やしていないことがわかる。

ななめに引いた点線は、製造業と非製造業の研究者が同数であることを意味している。その点線から下方に一番離れているのが日本。非製造業の研究者の比率が飛びぬけて低いことを意味しているんだよね。諸外国では、非製造業分野で研究者を増やしている国が多く、米中では両方伸びている。非製造業だけで比較すると、アメリカは日本の10倍近い研究者が企業で活躍していることになる。

日本では、大学が研究機関として重要な役割を果たしているという見方もあるけれど、質はともかく数でいえば、日本の大学に籍を置く研究者もほとんど増えておらず、中国や欧州の後塵を拝している。日本の企業が、情報化のスピードについていけない一因をみた気がするよ。

かくいう私は、２０００年ごろにメーカーの研究所を退職しているんだけれど、製造業で多くの研究員を確保していること自体が悪いわけではない。問題は、世界の成長の源泉がＩＴなどサービス業に向かっている中で、日本では相変わらず、情報通信分野や金融など非製造業分野における研究者の厚みを増すことができていないことが問題なんだと思う。経済成長できないわけだよ。

桑田　アメリカの非製造業企業に所属する研究員の数が、ガクッと減っている時期があるのはおもしろいわね。これ、リーマン・ショックの時期でしょう。こうした経済危機に人を減らすことができるアメリカの雇用制度は、その後の急増の状況などとあわせてみると、ダイナミズムに富んでいて、アメリカ経済の強みとなっているとつくづく感じるわ。

一方、日本は、一度採用した人を解雇することが容易ではないため、企業が人を採用することに慎重になりすぎるきらいがあり、結果として優秀な人材をとれなくなってしまう。最近、優秀な研究者は海外に職を求めるんでしょう?

それはさておき、図表7－5は、大学への進学率が高まっているにもかかわらず、高度人材を有効に活用できていない日本社会の現状を端的に表すデータね。いつだったか、科学技術振興に向けてドクターを増やそうという取り組みをしたけれど、出口戦略、すなわちドクターの就業先のことまで考えが及んでいなかったため、高学歴ワーキングプアを数多く生んでしまった。本当の意味での高度人材が社会で活用できていないことがよくわかる。これも、経済が成長していないことのデメリットというわけね。

こうした高度人材を社会で生かしきれない理由の1つに、さっき吉野さんがいっていた大学の学部構成やカリキュラムと、実社会のニーズにミスマッチがあるということなのかしら。これには企業と大学、双方に問題があるのだと思う。企業が新卒一括採用をして、自社で専門性を身につけさせることを基本とする人材の自前主義から脱せられないことも問題だし、実社会のニーズにマッチしていない大学のカリキュラムにも問題があるのよね。

実は低い日本の大学進学率

桑田　ところで、最近は、大学に行っても実社会で求められるスキルが身につかないし、就職を考えてもメリットがないということで、5割を超える進学率なんていらないんじゃないかという話があるでしょう。でも、これは間違っていると思うのよね。先進国として、より高い教育を受けた人たちが活躍できる場をつくっていくことが大切であり、それが経済成長につながるんだから。

吉野　僕もそう思う。大学の枠を減らせとかいっている人って、日本の大学進学率が高いって勘違いしているんじゃないかと思う。多分、昔よくいわれていた日本人は識字率が高いことと混同しているんじゃないかな。

確かに日本の場合、大学進学率が5割を超え、それ以外にも多くの人が専門学校に行くから、ほとんどの人がある種の高等教育を受けているといっていい。ただ、大学進学率についてみると、ＯＥＣＤの中では低い部類の国に入ってしまう。オーストラリアなんか9割以上でしょう。

国によって大学の位置づけが異なるから、一概に進学率が高ければいいとはいえないけれど、高い知識やスキルを身につけた人たちが社会に出てその能力を生かすことが経済成長につながり、それがさらに高い能力を有する人材を必要とする。こうした好循環が目指すべき方向性だよね。

大学の枠を減らすのはまだ少し先でいいと思う。重要なことは、大学で何を学び、社会が彼らの能力をいかに生かしていくのか。そういうことなんじゃないかな。

研究開発型の農業で輸出促進

藤波　高度な人材が活躍する場を用意するのは社会ということだね。そういう点から考えると、私は農学部出身なのでちょっとひいきさせてもらうけど、農学を含む生命科学は、もっと人材を厚くすることが必要な分野だと思うよ。もちろん、日本中の国立大学に農学部や生命科学の学科があるので、多くの人材が輩出されているはずだ。しかし、私の主観では、農学部出身者が大学で学んだことを生かしていける場は、必ずしも多くはないように感じる。

日本の農産物は世界中で高く評価されていて、マーケットは無限に広がっているように感

図表7-6　業種別、生産波及の海外漏出率

業　　種	生産波及効果（倍）	国内生産波及効果（倍）	波及の海外漏出率（%）
農林漁業	2.12	1.79	15.4
プラスチック・ゴム製品	2.41	1.94	19.4
鉄鋼	3.02	2.47	18.0
生産用機械	2.25	1.90	15.5
輸送機械	3.12	2.48	20.5
商業	1.56	1.46	6.7
情報通信	1.89	1.75	7.5
医療・福祉	1.79	1.56	13.0

（注）網掛けは製造業。37部門の一部のみ掲載。各産業で1単位の需要が生じた際の生産波及効果
（出所）総務省「2015年産業連関表37部門逆行列係数表」

じるんだけれど、実は日本の農業は極めて厳しい状況に立たされている。日本の農業には、海外から輸入された肥料や飼料、種子などが多く投入されているのは知っているよね。

図表７－６は、各産業に１単位の需要が発生したときの生産波及の様子を示している。一番右の「波及の海外漏出率」が大きい産業は、原料などを海外からの輸入に依存し、生産波及の過程で海外に漏出する割合が大きいことを示している。農林漁業の波及の海外漏出率をみると、製造業とあまり変わらない水準にある

ことがわかると思う。日本の農林漁業は、意外に海外への漏出が大きい産業なんだよ。

日本の食料自給率が低いことは知っていると思うけれど、それとは別の話として、農業生産に必要な肥料や飼料、種子、資材などの資源、いわゆる中間財も、結構な割合で輸入に依存しているということなんだ。しかも、製造業などとあまり変わらないレベルでね。自給自足的なイメージからはかけ離れた産業としての農業の実態がある。

吉野　それはその通りだろうね。最近も輸入物価の高騰で、畜産業者や農家の経営が立ち行かなくなっているなんてニュースを見かけるもの。

藤波　でも、日本の農業がもっと国内の資源をうまく活用していくような状況を構築できれば、農学部出身の人ももっと自分の専門性を生かして働く場がつくれるんじゃないかな。特に、品種改良や生産性向上に向けた研究開発の分野だ。私の希望としては、増える耕作放棄地を活用して、肥料・飼料の生産、品種改良のための実験農場、さらにはバイオマスエネルギーの生産などが実現できるとおもしろいんだけれどね。

そうした研究開発色の強い取り組みによってつくられた人材の厚みが、多様なよりよい農産物の生産をもたらし、海外に向けたＪＡＰＡＮ ＢＲＡＮＤの売り込みにつながるはずだよ。

その際重要となるのがＤＮＡの管理だ。日本はいまだにＤＮＡの管理がずさんで、せっかく開発した優れた農産物が、簡単に海外に流出してしまう事例が後を絶たない。

桑田 知ってる、知ってる。日本が開発した高級ぶどうのシャインマスカットなんて、中国での栽培面積は日本の数十倍に達しているらしく、今じゃあ道端で売られているって。

藤波 そういうこと。優れた農産物開発の成果、すなわちＤＮＡをしっかり守っていかないと、周辺産業で食っていける人は増えてこない。生命科学や農業に専門性を持つ人が増えても、受け皿が育たないと彼らの技術を発揮することができないのは当たり前だ。

政府は農産物輸出に力を入れていて、近年は実績も上がってきている。だけど、よいものをつくって世界で売っていくという愚直さだけではダメなんだよ。売り続け、収益を出し続ける仕組みを世界に仕込んでいくという、ある種のずる賢さも必要なんだと思う。

鶏卵にみる技術者の権益の重要性

桑田　以前、藤波さんから聞いた「種鶏《しゅけい》」の話はそういうことでしょう。あれはおもしろかった。

吉野　なにそれ、聞いたことない。

藤波　卵の話だよ。鶏卵自体は、ほぼ国産なのは知っているよね。この卵を生む鶏のことを採卵鶏と呼ぶんだけれど、採卵鶏のお母さん鶏のことを種鶏、さらにその親のことを原種鶏と呼ぶんだ。そして、種鶏・原種鶏は基本的にほとんどが欧米の企業から、ヒヨコとして輸入されてきているんだよ。

種鶏から生まれた採卵鶏は、優れた採卵鶏を生むことがないように改良されているため、日本の養鶏家は種鶏・原種鶏を輸入し続けなければならない。世界に数少ない海外の種鶏業者がこうしたビジネスモデルを構築し、世界の卵のマーケットを押さえているんだ。

吉野　マジか。全然知らなかった。毎日食べる卵がグローバリゼーションの波に飲み込まれているなんて、ちょっとショックだな。

藤波　一度、種鶏業者のホームページをみてみるといい。おもしろいから。ウイルスフリーで安全であることはもちろん、産卵率など基本的な生産能力のほか、食べるエサの量まで書いてある。少ないエサで高い産卵率が実現されているんだ。海外業者が実現した圧倒的に高い生産性によって、日本の種鶏業者は競争に負けちゃったんだね。最近まで、卵は物価の優等生などといわれていたけれど、それを支えていたのは、海外の種鶏業者だったんだ。

さらに彼らは、輸出先の好みや食文化に合わせた種鶏の開発を行っている。日本向けの場合、生卵で食べることを前提に商品開発をしているっていうんだ。アメリカ大手の Hy-Line International の日本市場担当者に聞いたんだけれど、生卵の卵白が水っぽくならず、割った際にしっかりと厚みの出る卵を生むように品種改良した種鶏を、日本に輸出しているって。白米の上に生卵を割り落としたとき、卵白が流れてしまうことなく、卵黄とともにしっかりと米の上に残り、見た目が映《ば》える卵なんだって。アメリカ人が、卵かけご飯のビジュアルを意識しているっていうんだから驚きだよ。

こうしたビジネスモデルを構築するため、海外の種鶏業者はすごく大きな遺伝子プールを抱え、たゆまぬ品種改良でよりよい商品を世界に送り出そうとしている。そして、日本の養鶏業者が種鶏・原種鶏の輸入をやめることができない最大のポイントは、さっき話した、種鶏から生まれた採卵鶏は優れた採卵鶏を生むことがないように改良されていることだ。採卵鶏が卵を生む期間は1〜2年程度だから、一度こうしたところから種鶏を導入すると、絶えず輸入し続けなければならなくなるんだ。

よい、悪いの問題ではなく、先進国の農業はそうした競争を繰り広げている。輸入物価の高騰で、飼料や肥料の値段も上がり厳しさを増す農家を後方支援する優れた農業技術者をもっと増やすことが必要だし、技術者の権益を守る仕組みも構築する必要があるというわけだ。

吉野　技術者の権益を守る仕組みかあ。重要だよね。種鶏業者を例に考えてみると、おいしい卵を生む採卵鶏が開発できたとしても、その採卵鶏が生んだ有精卵が優れた採卵鶏になってしまうようでは、意味がないということだね。1回限りの売り切りになってしまう。種鶏を売り続けるためには、採卵鶏が優れた採卵鶏を生まないという仕組みをインストールしなければ、市場には出せないということなんだ。いや、おもしろい、勉強になった。

桑田　結論をいえば、大学は市場にマッチした人材を輩出するとともに、企業や政府は、彼らが自らの技術や能力を生かして働き続けられる環境を整備すること。それが人口減少時代の人材戦略であり、その結果として賃金上昇や雇用環境の改善もうながされ、若い人たちの出生意欲が引き上げられるのよね。一言でいえば、人を大切にするということかしら。

藤波　さっき吉野さんがいっていたじゃない。人手不足が社会の変革を生むって。その通りだと思う。でも、人手不足という現実から目を背け、安い労働力の獲得に逃げたり、漫然とこれまでの延長線上の社会のあり方を追い求めたりしていてはダメなんだ。

人を大切に扱い、賃金を引き上げながら雇用環境を改善していく。また、女性の能力を社会の中で生かしていくために、当たり前のように、女性に偏っている家事・育児の負担をパートナーも担っていく。そうした社会をつくっていくことが必要なんだ。それも、今後急速に人口減少が進むなか、ゆっくりとなどと悠長なことをいっていてはダメで、一気に変革を進めていかなければいけない。

2人とも今日はありがとう。参考になったよ。

【注】

7－1　賃金構造基本統計では、常用労働者1000人以上を「大企業」、100～999人を「中企業」、10～99人を「小企業」としている

7－2　遺伝的に多様性を持つ繁殖可能な個体群のこと。多様なDNAを持つ個体があるため、交配により優れた品種改良が期待できる

第　8　章

女性の力をどう生かすか

某新聞社の会議室で開催されたジェンダー問題の研究会終了後、会議室に残った大学教授の夏木（女性）と新聞社社会部所属記者の飯田（女性）、そして日本総合研究所の藤波が話をしている。夏木の専門は、ジェンダー論だ。かしこまった場での討論では話したりなかったようで、フランクに話をしているうち、データまで持ち出して議論が白熱する。

なぜ女性は地方から東京に向かうのか

飯田　今日は本当にありがとうございました。ジェンダー問題に関して、いろいろと参考になるお話が聞けました。弊社では、今後ジェンダー問題を企画ものとして連載していくつもりですので、今日、先生方からいただいたお話を核にして、さらに取材を重ねていきたいと思っています。

夏木　お役に立ててよかったです。研究会で藤波さんから言及があった、女性の働き方と少子化の関係についてのお話がおもしろかったですよ。依然として女性に集中する家事・育児負担などが少子化の進展に大きく影響しているのは当然としても、派遣労働者として働いている女性が多いことも少子化に影響しているというのは、大変興味深かったです。

藤波　先生、ありがとうございます。派遣を含む非正規雇用として働く女性の出生意欲の低下には、もっと注目していいと思っています。

ところで、私は今、今日の論点には出てこなかった女性の東京への一極集中について、強く関心を持っているところです。東京に行くことが悪いというわけではないんですが、人の移動には理由があり、女性が東京に行かざるをえない構造的な要因があるのではないかと考えているからです。

飯田　確かに、コロナ禍前などは特にそうでしたけど、東京圏の転入超過数は、女性が男性を上回っているという話ですよね。政府などでも注目を集めているようですよ。

藤波　まだこのプロジェクターは使えますよね。私のパソコンにあるデータを投影してもよ

図表8-1　男女別、東京圏の転入超過数の推移

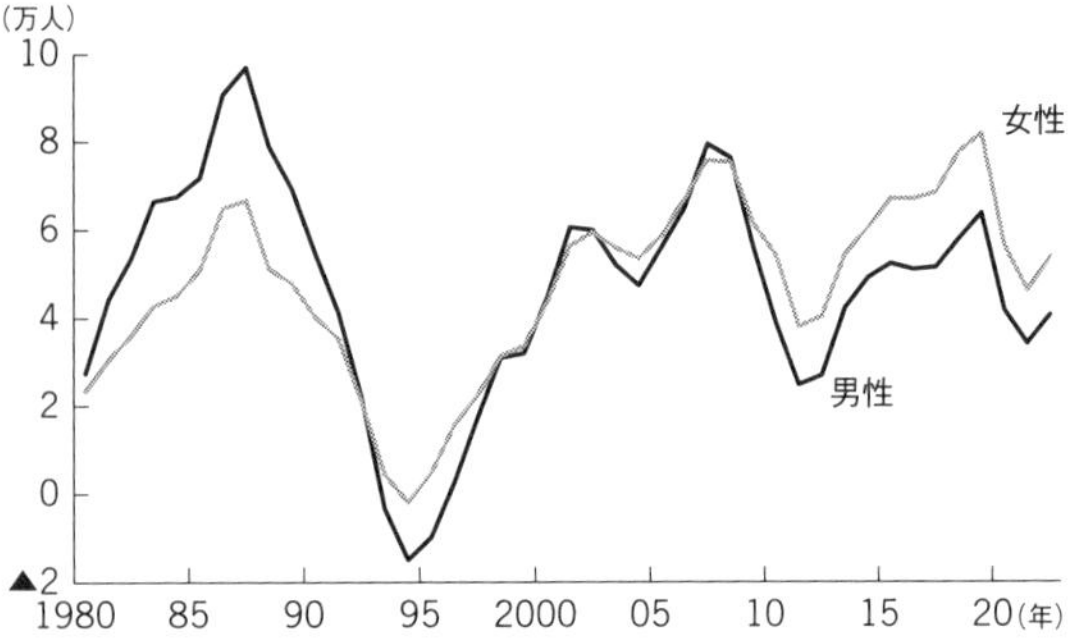

(出所) 総務省「住民基本台帳人口移動報告」

ろしいですか。

図表8－1は、東京圏の転入超過数を、男女別に示したものです。2009年以降、女性が男性を上回って推移しています。2015年から国が地方創生戦略を実施しても、東京への人口流入は増加傾向にあり、しかも女性のほうが多いという状況はまったく変わりませんでした。

コロナ禍となり、東京圏の転入超過数は大きく減りましたが、女性が男性を上回っている状況に変化はみられません。最近ではデジタル田園都市国家構想という地方創生の新たな取り組みも動き始め、ITなどの力で、国中どこにいても暮らしていける環境をつくろうとしていますが、女性が東京を志向する基本的な状況に変化はみられません。

夏木　近年、女性が東京を志向するようになってきている理由は何でしょうね。よくいわれる地方の閉鎖性や男性優位の考え方が根強い地域が多いなど、地方独自の問題もあるかもしれませんし、大学進学率の上昇もあるでしょう。でも、大学進学率だけなら、男性のほうがまだ高いですしね。

いまだに「家制度」に縛られている地方の男性

飯田　藤波さんが少し前にリリースされた女性の人口移動に関するレポートの分析はおもしろかったですよ。今そのデータもお持ちでしょうか。

藤波　もちろんあります。お出ししますね。私は、今、夏木先生がいわれた女性が東京を目指す理由を、少しでも定量的に評価したいと考えました。そこで、まず都道府県ごとに得られる女性に関するデータを手当たり次第に集めました。そこから、都道府県別の地域特性が見いだせないかを考えたんです。

集めたデータは、図表8－2にある通り、経済、雇用、教育、暮らしの各分野のデータ25

図表8-2 主成分分析に用いた女性に関する各種データ

分 野	指 標 名	出 典
経 済	労働力率	国勢調査から労働力率
	管理職年収	賃金構造基本統計の「管理的職業従事者」における賃金
	一般労働者賃金	賃金構造基本統計から、一般労働者の賃金
	金融リテラシー調査正答率	金融広報中央委員会の金融リテラシー調査
	本社事業所比率	経済センサス－基礎調査
雇 用	管理的職業比率	就業構造基本調査の「管理的職業従事者数」
	専門的・技術的職業従事者比率	就業構造基本調査の「専門的・技術的職業従事者」
	正規雇用比率	就業構造基本調査の雇用者数に占める正規雇用者数
	勤続年数	就業構造基本調査
	有配偶女性の有業率	就業構造基本調査
	本社等勤務比率	経済センサス－基礎調査
	公務員比率（男女計）	地方公共団体定員管理調査 男女区別なし。20～64歳人口比。
教 育	大卒人口比	就業構造基本調査
	4年制大学進学率	学校基本調査　4年制大学進学率
	自己啓発時間	社会生活基本調査　自己啓発時間
暮らし	未成年母の子の比率	人口動態統計 未成年の母親から生まれた子の割合
	母子世帯比率	都道府県のすがた（国勢調査）　母子世帯比率
	家事関連時間	社会生活基本調査　家事関連時間 （6歳未満の子のいる世帯）
	睡眠＋休養・くつろぎ時間	社会生活基本調査　睡眠、休養時間 （6歳未満の子のいる世帯）
	悩みやストレス	国民生活基礎調査　悩みやストレスを抱える人口の比率
	心の状態	国民生活基礎調査　心の状態 K6という尺度を用い、点数が高いほど精神的な問題があるとする
	配偶者暴力	配偶者暴力の相談件数（内閣府男女共同参画局）の人口比
	三世代同居比率	国勢調査
	保育所余裕度	厚生労働省「保育所等関連状況取りまとめ」
	介護離職率	就業構造基本調査

（出所）各種公的データ

種類です。これら膨大な量のデータを集めてきたまではよかったんですが、単にながめているだけでは、地域特性は見いだせません。そこで、今回は25種類のデータを用いて、主成分分析を行ってみたんです。主成分分析は、ご存じの通り、ばらつきのある複数の指標を比較的わかりやすい指標に合成する手法で、都道府県別の各種指標から地域特性をあぶり出すのに適していると考えました。いってみれば、都道府県の地域特性の可視化を行ったわけです。

その結果、得られたのが第１主成分です（図表８－３）。この負荷量として示された数値が、25種類のデータから得られた地域特性を表す数式の係数となります。そして、その式に各県のデータを代入して求めた値が主成分得点と呼ばれ、各県の地域特性になります。

得られた地域特性が何を表しているかということについては、負荷量の並びから、分析者が読み取らなければなりません。図表８－３をみてもらうと、上のほうに勤続年数、公務員比率、労働力率などがあがっています。したがって、主成分得点がプラスに高く出る県は、多くの人が安心して長く働ける環境がある地域と考えました。

図表の下のほうには、大卒人口比、賃金、大学進学率などがあがっています。したがって、主成分得点がマイナスに出る地域は、高度人材が多く、賃金が高い地域ということになります。こうした結果から、私は第１主成分を労働に関する地域特性と呼ぶことにし、プラ

図表8-3　各種データから求められた第1主成分

	指　標　名	負荷量
1	勤続年数	0.87
2	公務員比率（男女計）	0.79
3	労働力率	0.75
4	三世代同居比率	0.65
5	有配偶女性の有業率	0.63
⋮	⋮	⋮
21	自己啓発時間	▲0.80
22	管理職年収	▲0.82
23	4年制大学進学率	▲0.83
24	一般労働者賃金	▲0.88
25	大卒人口比	▲0.90

（出所）各種公的データ

ス側は安定志向の強い地域、マイナス方向はキャリア志向の強い地域と結論づけました。

こうした主成分分析の結果は、それのみでよし悪しを決定するものではなく、あくまでデータから得られた地域特性であるということになります。

さて、ここからが本番です。各県における、主成分分析により求められた新しい合成指標「労働に関する地域特性」から算出された主成分得点と、都道府県の女性の転出入の関係をみてみましょう。

図表８－４が各都道府県の労働に

図表8-4　労働に関する地域特性と各都道府県の転入超過率の関係

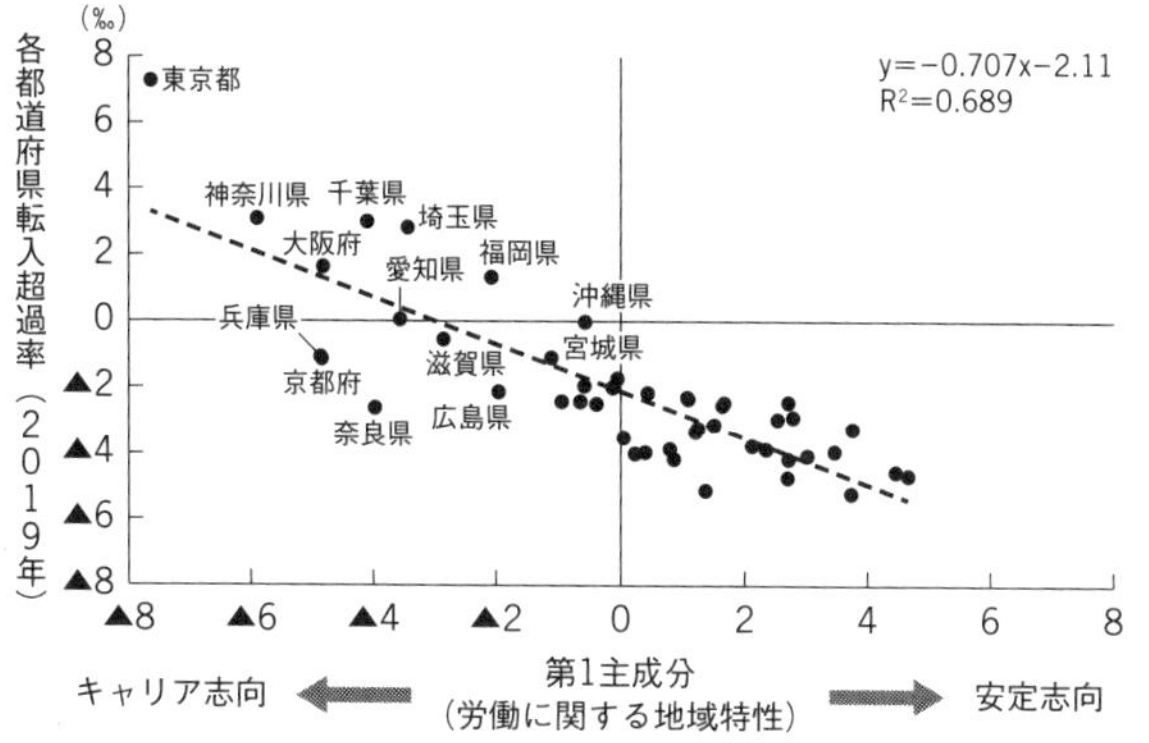

（出所）総務省「住民基本台帳人口移動報告」と各種公的データ

関する地域特性と２０１９年の女性の転入超過率を散布図にしたものです。２０１９年としたのは、コロナ禍前で、東京圏の転入超過数が極めて多かったためです。

　図表から、女性の人口移動は、主成分分析の結果導かれたキャリア志向の高い地域に引っぱられ、逆に安定志向を示す指標の高い地域から流出していることがわかります。

夏木　これは意外な結果ですね。キャリア志向の高いところに人が集まるのは当然です。大学に進学するために東京を目指す人が多く、その地で多くの大卒者が就職するわけですから。

ただ、雇用や社会の安定性が高いことを示す勤続年数が長いことや公務員比率が高い地域、さらには三世代同居比率が高いといった、女性が安心して長く働けるような指標が強い地域からより多くの女性が流出している点はちょっと納得いかないですね。だって、これらは、一般に地方の強みと考えられていることだし、女性を誘致しようとしている地域の「売り」でもあるわけじゃない。それらが否定されているようでちょっとつらいなぁ。

藤波　私は、勤続年数の長さが、人の移動に影響を及ぼしていることについては2つ理由があると考えているんです。まずは、若い世代の流出ゆえに、結果として平均的な勤続年数が長くなっている可能性です。要は、やめたくても人手不足でやめさせてもらえず、おのずと勤続年数が長くなるというもの。

もう1つは、この指標の数値が大きい地域では、優良な雇用に空きができにくく、また新たな雇用も生まれにくいため、若い世代がよい仕事に就くことが難しい状況になっていることです。嚙み砕いていうと、よい仕事があってもベテランが押さえてしまっているため、若い世代はよりよい仕事を求めて大都市を目指しているということです。おそらくこちらの影響のほうが強いのではないでしょうか。

飯田 人の移動には、仕事の量と質がとても密接に関係しているということなんですね。近年は、女性の4年制大学への進学率も5割を超え、男性に迫っています。こうした高学歴女性の増加が、地方からの女性流出を加速させているということなんですね。

でも、おそらく男性も同じですよね。男性で分析しても同じような結果になるのではないですか。

藤波 その通りです。各都道府県の労働に関する地域特性と転入超過率のグラフを男性で作ってみると、やはりキャリア志向の強い地域に人が吸引される結果となります。ただ、その近似式を女性のものと重ねてみると、男性のほうが寝ていることがわかります。わずかなんですけどね。近年、女性の移動のほうが、労働に関する地域特性の影響を受けていることがわかるんです。

夏木 これ、なんとなくわかりますよ。私の大学でも、入学者は男性のほうが多いんですけれど、男性は就職の段階で、出身地など地方を目指す人が少なくないんです。定性的な話なので申し訳ないのですが、私は、男性がいまだに「家制度」に縛られているんだと思っているんです。これ、意外に感じませんか。

一般に、女性のほうが地域や家に縛られている印象があるじゃないですか。親が1人暮らしを許さないとか、結婚するまでは家を出さないとか。いまだにそうした家もあるのかもしれませんが、実は大半の女性はそうした古い慣習から切り離されている印象を持っています。

逆に男性が、大学を卒業し就職する段階で出身地などを目指す理由には、「家制度」が強く影響しているような印象を持っています。長男だから、実家に田畑《でんぱた》があるから、親の面倒をみなければいけないからといった理由で、地元に仕事を求める男性は少なくないような気がします。

そして地方には、伝統的にそうした男性を受け入れる職場が一定数用意されている。例えば、公務員や地方銀行、地方のマスコミなど、大都市の大学を卒業した人たちを受け入れる職場が脈々と用意され続けてきたわけですよ。

飯田　わかります。今思えば、地方の支局に勤務していたとき、仕事で知り合った県庁の男性職員の多くが、東京などの大学を卒業した方だったような気がします。詳しく調べたら、長男が多かったかもしれませんね。

最近でこそこうした職場も、女性職員を積極的にとるようにはなっていますが、実際に就活女性に聞くと、依然として門戸は狭いといいますよ。大学を卒業して地元に帰りたくても仕事がないっていいますもんね。

コロナ禍の中、大都市で正規採用される女性は増えていた

藤波 まあ、長男かどうかは別にして、男性のほうが「家制度」に縛られているというのはその通りかもしれません。また、今、飯田さんがいわれた地方には女性の仕事がないというのは大きな問題ですよ。仕事に注目して、もう少し女性の移動について考えてみてもいいですか。

女性の高度人材化や東京志向の高さを受けて、一部の産業・企業で、積極的に女性を正規雇用する動きがみられ始めています。しかも、こうした動きは、コロナ禍においてとりわけ女性の雇用が大きくダメージを受けた時期にも、水面下で着実に進展していたとみられます。

図表8－5は、男女別、正規・非正規別に、雇用の増減を前年同月比でみたものです。コ

図表8-5　性別・正規非正規別雇用者数増減（前年同月比）

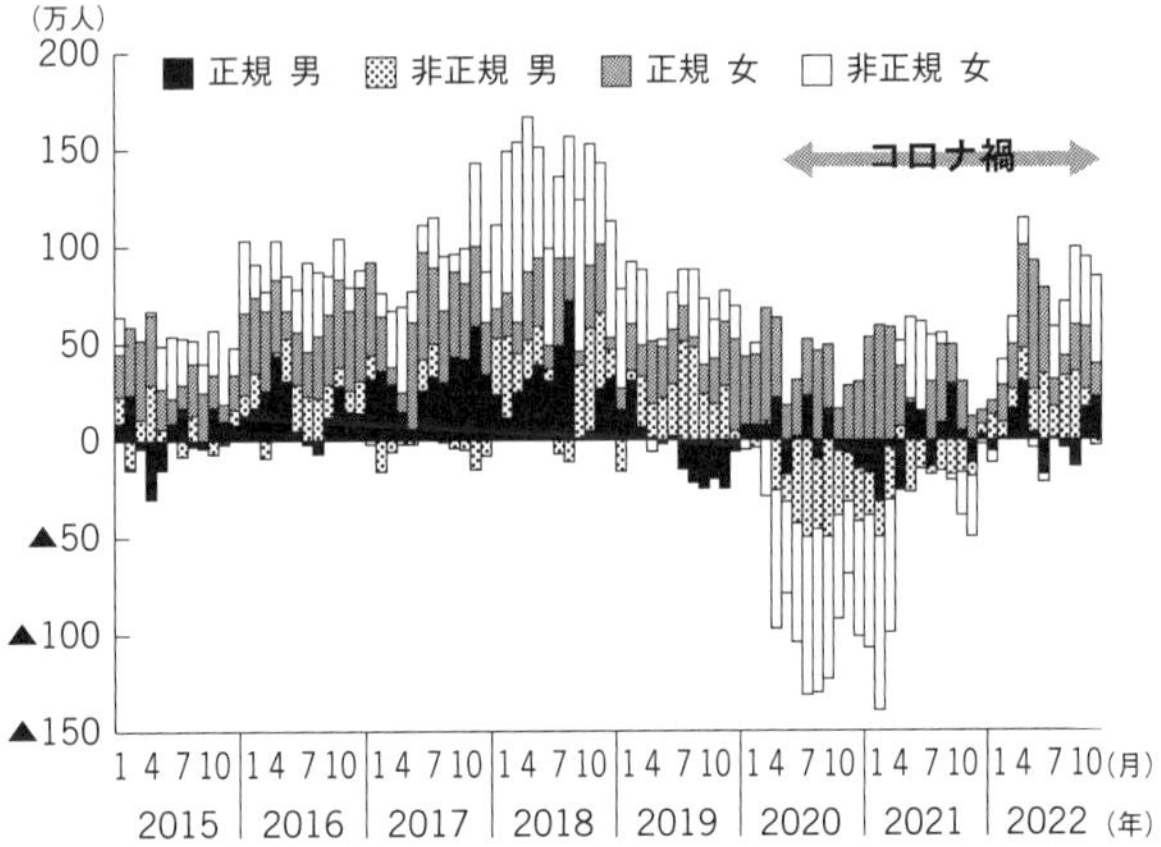

（出所）総務省「労働力調査」

ロナ禍にあって、男性の正規雇用はおおむね横ばい、男女の非正規雇用が大きく減少しました。ご存じのことだと思いますが、コロナ禍で女性の雇用が厳しい状況になったということが、かなり大きなニュースとして取り上げられましたよね。

飯田　それは、特に非正規雇用の減少だったわけですね。この時期、女性の自殺者が増えたことも報道されましたよね。

藤波　ところが、同時期、女性の正規雇用は堅調に推移し、雇用数を増やしてい

図表8-6　地域別、女性正規雇用者の増減

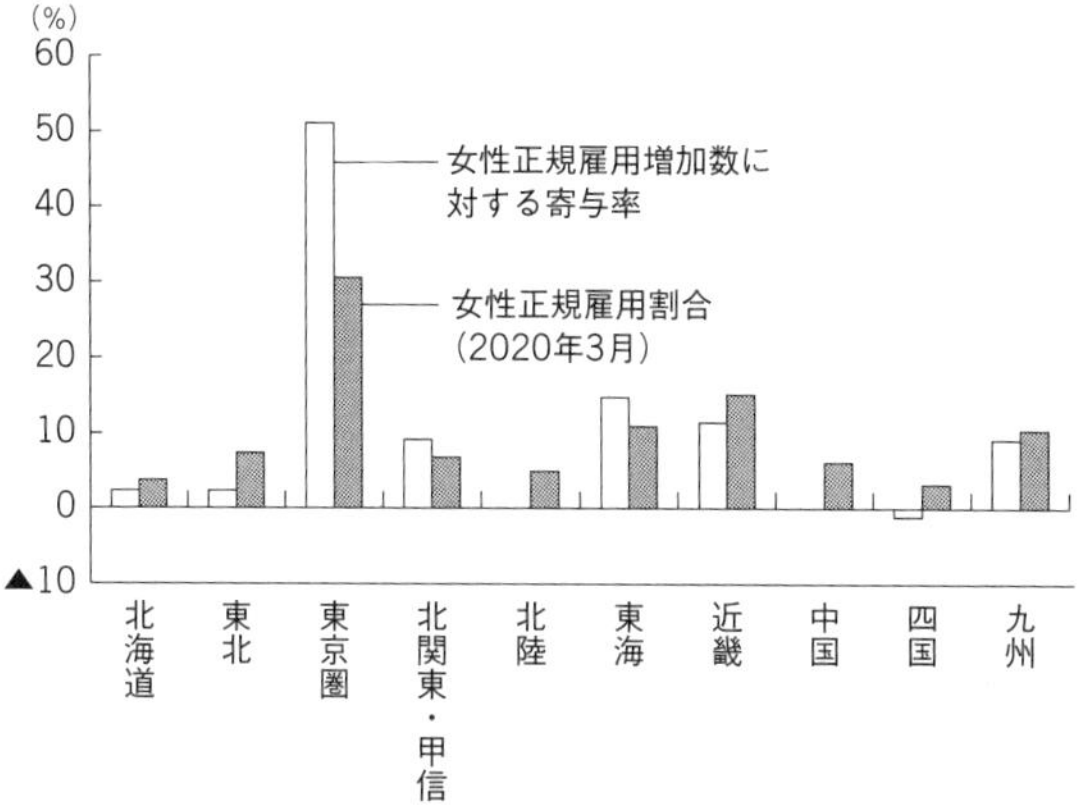

（注）寄与率は、2020年3月を基準に2022年9月までの変化に対するもの。四半期データによる
（出所）総務省「労働力調査」

たことがわかると思います。もちろん、女性の正規雇用が増加しているとはいっても、非正規雇用の減少を補うほどではないため、女性の総雇用者数は減少しています。しかし、数字の上では非正規から正規への転換が進んだことを示しているんですね。

では、いったいどの地域が女性の正規雇用の受け皿となったのでしょうか。図表８－６をみてください。

これは、コロナ禍にあった２０２０年３月から２０２２年９月に至る30カ月における日本全体の女性正規雇用者の増加数に対する、地域別の寄与率をみたものです。一目瞭然ですよね。女性の正規雇用の増加数に対する寄与率は、東京圏が5割、あとは北関東・甲信、東海、近畿など大都市に集中していたことがわかります。もともとの女性正規雇用の地域分布では、東京圏は3割程度にすぎませんから、この期間いかに東京圏が積極的に女性の正規雇用を獲得していたかがわかります。東北や四国では、正規雇用はまったく増えておらず、中国地方は逆に減少しています。

コロナ禍で正規雇用を最も積極的に増やしていたのは医療・介護ですが、リモートワークの普及やDXへの対応などで人手不足となったIT系の企業も積極的に採用していたことがわかっています。

そして、ご存じの通り、IT系企業は東京への集中が顕著です。IT系企業における女性雇用者の6割以上が東京圏に集中しています。すなわち、成長期待の高い産業であるIT系企業が積極的に人を獲得する動きの中で東京に向けた女性の流れが生まれ、おそらく今後も、IT系企業が積極的に採用をすればするほど、女性が東京に向かう動きは強まっていく可能性があると考えています。

夏木　女性の地域定着のカギは、成長産業の雇用にあるということですね。これは納得できる話です。地方が地域のよさと考えている安定した雇用環境を売りに移住支援を行っても、成果は限られるということね。

飯田　先ほど夏木先生が、大卒後に帰郷して就職する男性のために、公務員や地方銀行、地方のマスコミなど優良な雇用が用意されていたとおっしゃいましたが、女性の定着を考える上でも同じような発想が必要になるということですね。高度人材化する女性の定着に向け、地方においても優良な雇用を生んでいく努力が必要になるという理解でよろしいですか。

藤波　私はそう考えています。地方からの若い世代の流出が問題視されるようになって久しいのですが、実は地域間の人口移動は、基本的に大卒者の一部がよりよい雇用を求めて動いているというように認識しています。その証拠に、高卒で就職した人や地元の専門学校に進学した人の多くが地域に残っていますよね。東京の転入超過をもたらしているのは、大卒者なんです。ですから、大卒の高度人材を呼び込む雇用がない地域は、若い人たちをつなぎとめる上で厳しい環境に置かれていることになります。

若い人たちが流出すれば出生数が減りますから、当然、人口減少を食い止めることは難しくなります。なんとか若い人たちを呼び込もうと各地で移住促進策が取り組まれていますが、地元出身の人たちが流出した後を埋めるため、数少ない東京などの地方移住希望者を各地で奪い合う構図となってしまっているのだと思います。

飯田　コロナ禍が明けて経済が正常化していく中で、東京圏の転入超過数は再び高い水準に戻り、その中心は女性ということになりそうですね。

東京の企業に一本釣りされる地方の優秀な女性

夏木　こうした状況を踏まえると、地方に打つ手はないということですか。何かしなければ、若い世代の東京集中は止まらないじゃないですか。何よりもったいないですよ。私は、東京での子育てを経験したのですが、本当は地方で子育てしたかったんですよね。

私は静岡出身なんですけど、高校時代の同級生から東京での自分の子育て環境とはまったく異なる地方の話を聞いて、うらやましく思っていました。せっかく地方にはそうしたすばらしい環境があるわけですから、全員が全員、東京に集まってくる必要はないと考えているんですよ。

藤波　私は、子どもが小さいころに仕事で山梨に赴任しており、５年ほど地方での子育てを経験しています。ですから、地方での子育てのよさは重々わかっているつもりですし、先生のご指摘を否定するつもりはありません。

でも、東京と地方のどちらが子育て環境として優れているかは、人それぞれかもしれません。教育環境を重視する人、自然の豊かさを重視する人などさまざまですよ。東京に集まる若い人は大卒者が多いわけですから、もしかしたら教育環境を重視する人たちが多いのかもしれませんよ。

ただ、私も地方が衰退し、東京だけが繁栄すればいいとは思いません。しっかりと地域経済を成長させ、地方にも大卒者が望むような雇用を生み続けていくことが重要だと考えています。

飯田　では、どうすればいいとお考えですか。これまでも、地方創生戦略に取り組んできていますが、まったくその成果がみられていないですよね。

藤波　1つおもしろい話を聞いてきましたので、ご紹介したいと思います。もしかしたらヒントになるかもしれません。

以前、あるシンポジウムでご一緒した、女性経営者を支援する会社、コラボラボの代表を務めている横田響子さんという方から、地方の女性が東京の企業に一本釣りされているという話を聞きました。最初はピンとこなかったのですが、その後の私自身の経験などを経て、今ではとても納得できる話になっています。シンポジウムの1カ月後、地方に住む大学時代の女性の友人から、東京に在住していたときに働いていた企業に、在宅のままテレワークで働くことになったという年賀状をもらいました。このとき初めて、「一本釣りとはこういうことね」と合点がいきました。

コロナ禍でテレワーク環境が整ったことで、地方の能力の高い女性が東京の人手不足にあえぐ企業に一本釣りで採用され始めているのです。統計データがあるわけではないので印象論なんですが、地方における女性の労働環境が変わり始めているといってよいのではないでしょうか。

夏木　なるほど、夫について地方に移った女性は多いものの、彼女らの能力を生かす仕事が地方には少ないため、東京の企業からよい条件で声をかけられれば、当然そちらに移るということなんですね。テレワークで、しかも賃金水準も東京に準じるなどという条件なんでしょう。藤波さんのお知り合いの場合ですと以前働いていた企業からということですから、当然、その女性の力量がわかっているわけですよね。声をかけやすいはずです。

藤波 企業のテレワーク環境が整ったことで、例えば大手のＩＴ企業が居住地条件を全面的に廃止するなど、遠隔地勤務がにわかに注目されましたよね。地方移住が加速するのではないかということがいわれ、各自治体でサテライトオフィスの誘致や移住支援にいっそう力が入っています。

ただ、東京にいる人が地方に転居するには準備がいりますし、お金もかかります。今のところ大挙して地方に移住するという段階にはありません。ところが、企業はテレワークの普及によって、地方という人材の宝庫をみつけたわけです。

飯田 高度人材が足りない東京の企業と、高度な人材を生かしきれない地方の産業界という構図が手に取るようにわかりますね。

夏木　地理的な雇用のミスマッチを解消するという意味で、テレワーク環境を使うというのは極めて合理的な考え方です。地方に居ながらにして、東京の給与水準と同等の賃金が手に入るわけですから、これほど地域にとっていいことはありません。地方自治体にとっては税収が増えるかもしれませんしね。

地方にも高度人材を受け入れる雇用が必要

藤波　その通りです。ただ、いいことずくめかどうかは、今後の取り組み次第だと思っているんです。

テレワーク環境が整ったということは、地方の労働市場が東京に組み込まれたということを意味します。現時点においては、高い能力を持っていながら地方の産業界でうまく活用されていない地方在住の女性が、東京の企業による一本釣りのターゲットになっています。しかし、東京の人手不足が進むと、そうした女性に限らず、すでに地方の産業界に不可欠な人材として働いている人までもが一本釣りのターゲットになるかもしれません。

飯田　なるほど。東京で人手不足がひどくなると、地方の産業界から人を吸い上げてしまう恐れがあるということなんですね。いや、テレワークの話ではないんですけれど、似たような話、現実に聞いたことがあります。

北海道のある地域で、高齢者の介護施設を積極的に受け入れ、そこで働く若い人たちを呼び込む戦略を推進していたそうなんです。当初は、目論見通り若いケアワーカーがどんどん入ってきてくれていたそうなんですが、景気がよくなったら、すぐに札幌などに出て行ってしまい、ケアワーカーが足りなくなったという話を聞きました。

藤波　そうなんですよ。介護は、景気がよくなるたびに人手不足が顕著になる産業の1つです。テレワークが導入されたことで、地方が東京の雇用のバッファー、あるいは調整弁となってしまうことが懸念されるんです。景気がよくなると地方企業のために働く人が減り、東京の企業にテレワークで働くようになるかもしれません。少なくとも、地方の企業から東京の企業への転職のハードルは、テレワークが劇的に引き下げたとみてよいのではないでしょうか。

まあ、今のところそこまで心配するのは考えすぎかもしれませんが、どちらにしても、雇用市場という面からいうと、地方の企業が東京の企業と同じ土俵に乗りつつあるということは気にかけておいたほうがよいと思います。東京に負けない雇用条件や仕事の質を担保していく方向で会社や産業界を変えていかないと、進む人口減少のもと、人手の確保がいっそう困難になっていくことは覚悟しなければなりません。

夏木　とにかく地方でも女性の力を生かす取り組みが不可欠ということですね。男女比がアンバランスになっている地域が多いとも聞いています。

藤波　その通りです。若年未婚者の男女比率をみると、福岡県や大阪府、東京都など、大都市の多くで、男性に対して女性の割合が95％を超えている一方で、地方には75％を下回る県もあり、地域間格差は相当開いています。

夏木　そうなってくると、少子化対策という面から考えても、各地域において女性を生かす地域戦略をしっかりと立てることが重要で、その際には仕事があればなんでもいいんでしょ、ということではなく、高度人材を受け入れる処遇と雇用の質を担保しなければいけないということがよくわかりました。

飯田　私も大変勉強になりました。お二方とも、本日は本当にありがとうございました。

藤波・夏木　ありがとうございました。

終　章

子育てを
「苦行」にしてはいけない

さまざまな人との対話を通じて、少子化対策のあるべき姿がおぼろげながらみえてきた。
そんな折、2023年1月の国会答弁で、岸田文雄首相が育休中のリスキリングを支援するという話をして、日本中からバッシングを受けた。このニュースを受けて、暗澹《あんたん》たる思いにかられたのは私だけだろうか。

私は、首相の発言がバッシングに値するとは思わない。私をそのような思いにさせたのは、日本における子育ては、これからも「苦行」であり続けるのだろうということである。

育休中にリスキリングしてはいけないのか

なんでこんなことに引っかかっているんだろう。育休中にリスキリングという話には唐突感があるかもしれないものの、周りももっと冷静に議論してほしい。一番よくないのは、政府が委縮してしまうことだ。

確かに、現状を踏まえれば、出産直後に資格取得だのリスキリングだのということは現実的ではないだろう。ゼロ歳児を育てている親の多くが、夜泣きがひどくて深い眠りに入ることができず、1日中、寝ているんだか起きているんだかわからないような状態かもしれない。夫婦が共に支え合っても、母乳で育てている世帯では妻の負担が増えがちとなり、実際には多くの家庭で、家事も含めて女性がワンオペで担っている。数年後に振り返ってみれば、とにかく必死で、よく乗りきったという思いを持つ人も少なくないはずだ。

こんな経験をしてきた人が多いから、育休中に資格取得やリスキリングなどといわれても、「ふざけんな」という思いが先走ったのだと思う。

そうした批判で多かったのが、育休中にそんな時間はないというものや、育休は子育てのための時間で、それ以外に時間を使うこと自体おかしいという指摘だった。

しかし、本当に育休中は100％の時間と集中力で育児に当たらなければならないのだろうか。息抜きに別のことに注力したり、新しいことにチャレンジしたりする時間を取ってはいけないのだろうか。

国立社会保障・人口問題研究所の出生動向基本調査では、妻の年齢が35歳未満の夫婦で、理想子ども数まで子どもをつくらない最大の理由は経済的要因だったが、第2位は、「これ以上、育児の心理的、肉体的負担に耐えられないから」だった（回答者は妻）。

育児がとても大変という指摘はその通りだが、こうした状況を少しでも改善していくのが子育て支援のあり方だと思う。子育てを「苦行」とすることなく、時間的、精神的、肉体的に余裕をもって育児にのぞむことができる環境を整備することが、今後の子育て支援のあるべき姿ではないのか。

　女性に偏る負担を少しでも軽減するため、男性の育休取得が推奨されているわけで、男性育休の取得率向上と、ほとんどが2週間以内という短い取得期間の延長は喫緊の課題だ。ただ、女性を支えるのは必ずしも夫に限る必要はなく、社会全体で担っていこうというのが今風の考え方のはずだろう。すでにある社会インフラの有効活用や周りのサポート体制があれば、子育て期を快適に過ごすことが可能となり、さらには子育てそのものを楽しめるようになるのではないか。

　特に、乳幼児期の育児をそれぞれの家庭でクローズさせることなく、保育所やベビーシッター、ナニーなどをうまく活用し、社会全体でサポートしていくという発想である。一般にこうしたことを「子育ての社会化」[終-1]と表現するが、それに対立する概念として、特に乳幼児期の子育ては家庭が担うべきと考える人も少なくない。子育てに対する考え方は自由であり、家族のあり方まで政治が介入することはできないが、現状の子育てが、特に女性にとっての「苦行」となっている状況からの脱却を図るべきであり、それが子育て支援の真髄であるという考え方は妥当に映る。

余裕を持って子育てできる体制をつくるには

重要なことは、子育て世帯それぞれが抱える問題や状況に合わせたフレキシブルな制度とすることだろう。夜泣き一つとっても状況は千差万別。そもそもない子どももいれば、その時期もそれぞれ。ゼロ歳児でも時間とともに落ち着きが出てくる子もいるし、親側も徐々に生活リズムをつかめるようになり、余裕が出てくる場合もあるだろう。

国や地方自治体には、そうした各家庭の状況に合わせ、保育サービスを柔軟に活用できる仕組みを提供していくことが求められる。余裕が出てきた親が、早めに育休を切り上げて仕事に復帰することやリスキリングに時間を投じること、息抜きに時間を使うことは自由であり、それぞれの判断に任せるべきだ。

育休中は子育て以外のことをしてはいけないという道理はない。授乳や家事の間のわずかな時間に、インターネットで資格取得の勉強をしたっていいし、そうした取り組みを支援する制度があったっていい。もともと働きながら大学院に通っていた人が、仕事に復帰する前に大学に復学することがあってもかまわない。本書でも、第1章〜第3章で、育休中の大学院生の宮本さんに登場してもらった。

取り組むべきは、育休中の資格取得やリスキリングを奨励することではなく、時間的、精神的、肉体的に余裕を持って育児にのぞむことができるよう、子育て中の親の多様な選択を支えるべく、保育環境を整備することではないのだろうか。宮本さんは大学の保育所を利用していたが、東京でも最近は保育所に空きができてきているし、企業内保育所も充実しつつある。そうしたインフラをうまく活用していく視点は欠かせない。

特に、ワンオペ育児をしているような親の精神的なサポートなどが重要視されるなか、ぜひ息抜きのためにも、公的な保育サービスを活用してもらいたい。2023年3月に発表された「こども・子育て支援加速化プラン」のたたき台でも、就労の有無にかかわらず、保育所の利用を認める方針が示された。当然、そうしたことを認める寛容な社会となることも重要である。

もちろん、保育所があればそれで十分とはいえない。ヒアリングをしたある企業では、社内保育所を充実させることで、仕事への早期復帰を望む女性社員を支援していた。その際、単に保育所を整備するだけではなく、出退社時間や通勤手段に自由度を持たせたり、短時間勤務の制度活用も認めたりしていた。もちろん、これは早期復帰を望む人が対象であり、会社が早期復帰を強要するのではないことはいうまでもない。

少し古い話になるが、以前勤めていたメーカーでは、公共交通機関での出社が原則だったが、子どもを持つ親に対して、保育所への送迎のため特例としてマイカー通勤を認め、社内の駐車場を確保するような便宜を図っていた。行政のみならず、企業からもさまざまなバックアップやサポートがあって初めて、育児に時間的・精神的余裕が生まれ、若い人たちが子育てを楽しめるようになる。

岸田首相が炎上した育休中のリスキリングも同じことではないか。リスキリングを支援するというよりも、そうした選択が可能となるよう、社会が親をサポートするということ。育児や家事がとりわけ女性に偏る日本社会のあり様が、少子化の一因になってきた。子育ては、いつの時代も大変なものであったわけだが、いつまでも「苦行」のままにしていてはいけない。逆に、子育て世帯が、家族を持つことの喜びをより多く感じられるよう、行政、企業が連携し、環境整備を図ることが必要だ。

育休をアップデートする

そしてもう1つ、育休について、さらに踏み込んだ提案をしたい。それは、育休期間を、夫婦が働き方や暮らし方を見直す、いわば人生をリセットするための時間とすることであり、それを認める社会となることだ。

特に、第1子の育休後は、夫婦の暮らし方が大きく変わらざるをえない。それまでは、夫婦2人で歩んでいた人生に新たな家族を迎え、少なくとも18年は育て上げなければならない。当然、お金や時間の使い方、働き方などが大きく変わってくるはずであり、育休期間は、今後の人生を夫婦で考え、準備する時間にあてるのである。出産という人生の一大事に直面し、そうした人生設計を見直す時間として育休を使うことが許されるべきだと思う。

育休終了後には、働く時間を増やす、あるいは抑えるという判断もあるだろうし、家計において遊興費を減らし、収入を増やすことが切実な夫婦もあるはずだ。子どもが生まれると、正規職で働いていた女性が仕事をやめたり、非正規雇用に転換したりするようなパターンが一般的だったが、反対に、家計の問題から、出産と同時に非正規だった妻が正規職に就くことを希望する場合もあるだろう。その場合は、夫が長期の育休を取って家事・育児を担い、妻が資格取得や就活を行ってもいい。

子育て中の夫婦の多様な選択を支えるためにも、育休をゆとりあるものとすることが不可欠なのである。岸田首相が国会答弁において「育休中にリスキリング」という発言をしたが、こうしたことも、ゆとりある子育て環境があってのことだ。

もちろん、夫婦とも勤務している会社で仕事を続けていては、給料や休暇取得などの面で将来子どもを育てることに対して不安だということであれば、育休後に会社をやめて転職するという判断があってしかるべきだ。

人手不足の時代に、子育て世帯に十分な処遇を与えられない企業から人材が流出するのは当然である。企業は、子育て世帯の多様なニーズに柔軟に対応した人事制度・事業運営体制を取り入れ、社員のつなぎ止めに努めることが必要となろう。

重要なのは、こうした育休の活用に国民が寛容になることではないだろうか。よもや、自分たちが苦労してきたから、これから子育てをする夫婦も苦労すべきだと考えている人がいるとは思えない。

今風の言葉でいえば、育休に対する国民の意識をアップデートする時期に来ているのではないだろうか。育休期間は、夫婦に子どもとの新しい暮らしを楽しみつつ、人生をリセットする時間的余裕を与えるよう、保育サービスの提供の仕方を見直すことが必要であり、それこそが少子化対策として望ましい子育て支援のあり方なのではないだろうか。

行きすぎた現金給付のリスク

現在の少子化加速の最も重要な原因として、若い世代の経済・雇用環境の悪化があることは明白だ。当然、少子化対策として賃金の引き上げや非正規雇用の正規化などが重要となるが、その成果が目にみえる形で表れるには一定の時間を要する。

そこを補う上で、現金給付、具体的にいえば児童手当や税制優遇を先行させていかざるをえない。ただ、その制度設計においては、配慮すべきことが多く、一筋縄ではいかないだろう。例えば、多子優遇とすべきかどうかという一点においても、そう簡単な話ではない。筆者は、すべての子どもを等しくサポートするというメッセージを打ち出す意味では、出生順位にかかわりなく一律が好ましいと考えている。しかし、限られた財源の中で政策効果が求められるため、多子優遇を推奨したい気持ちはわかる。

ただし、多子世帯の減少が少子化の原因であるとして、多子世帯を優遇するのは明らかな間違いである。ここ数年、出生順位別に出生数の構成比をみると、一般的なイメージとは異なり、第3子以上の割合が高まっている。逆に、第1子にたどり着けない世帯が増えていて、これは経済的な要因によるところが大きいと考えられる。経済的に豊かな世帯に出産が偏り、低所得層で出産が減る構図だ。

第3子以降の子にとりわけ高い給付水準を設定してしまうと、少子世帯はもとより、出産に手が届かない世帯や人を置き去りにしてしまう恐れがある。

これは高額の現金給付を支給する際にもいえること。子育てには金がかかるため、現金給付は多いに越したことはない。しかし、若い世代の所得水準が高まらないまま、給付水準を引き上げすぎることについては注意が必要だ。引き上げすぎてしまえば、子どもの有無によって若い世代に所得格差が生じ、世代内に無用な分断を生じてしまう恐れがある。

将来、消費増税などによって財源の確保を図ることになった場合にも、未婚者や子どものない若年世帯が過度な経済的負担を負わされることのないよう、配慮することも必要となる。こうした層に対する負担の集中は、非婚、無子志向を助長しかねない。

当面は財源の制約から高額の給付は容易ではなく、あまり問題とはならないだろうが、現金給付の制度設計は、給付水準、多子優遇の有無、所得制限、年齢制限など考慮すべき要素が多く、容易に最適解を見いだすことはできないだろう。そして何より、少子化対策としての現金給付政策は、賃上げや非正規雇用の正規化などの経済政策を第一に取り組んだ上で、その補完的役割を担っているのだということを忘れるべきではない。

現金給付についての懸念はもう1つある。東京都が月5000円の給付を表明したことを皮切りに、各自治体で現金給付の支援合戦となってしまう可能性だ。特に東京周辺の自治体では追随したいところもあるだろう。

少子化対策に意欲的に取り組んできた自治体からみれば、国の遅々として進まない議論を歯がゆく感じるのは当然だ。また、各自治体が率先して取り組むことは、国による議論の加速をうながしている面もあり、一概に悪いこととはいい切れない。ただ、地方自治体の財政力には明らかな差異があり、結果として一部の自治体が現金給付で突出してしまうことが好ましいとは思えない。

国がなるべく早い時期に支援の方向性を明確に打ち出すことは重要だが、同時に、地方自治体との連携も後回しにすべきではない。

結婚を支援するために最も重要なこと

結婚支援策は、その打ち手が少ないことが課題だ。地方自治体でお見合いなどが企画されているが、効果が上がっているとはいいがたい。

数字の上では、2005年ごろまでは非婚・晩婚が少子化の主因だったわけだが、近年はその影響が小さくなっていた。その証拠に、女性の初婚年齢や第1子出産年齢は近年横ばいで推移している。

その状況を大きく変えたのは、コロナ禍だ。2020年に婚姻件数が大きく減少し、以後その状況が続いている。結婚が出産の条件となる日本では、非婚・晩婚が再び少子化にマイナスの影響を与えないようにするための取り組みが重要となる。

しかし、現在、議論が進められている少子化対策の中心的なテーマは、児童手当や保育環境の整備にとどまる。結婚支援という意味では、せいぜい自治体が主催するお見合いなど出会いの場づくりと新婚世帯に対する住宅支援程度か。

そもそも東京圏の転入超過数を男女で比較すると、近年は女性が男性を大きく上回って推移しており、地方では、未婚の女性が極端に少なくなってしまっている地域もある。また、特に非正規雇用の女性で婚姻に対する意欲の低下が顕著となっている。婚姻数を増やす上では極めて厳しい状況が生じているわけだ。

経済的支援として、N分N乗という税制を導入することによって夫婦の税負担を軽減し、結婚をうながすことも可能だろう。ただ、この税制は、個人課税から世帯課税への転換という税制の根幹にかかわる大きな問題であることと、低所得者同士の夫婦にとっては恩恵が少なく、逆に高所得者、特に片働きの高所得者を優遇するという面がある。日本での導入は、かなり高いハードルがあり、たとえ可能であったとしても導入までには相当の時間を要する。

少し遠回りではあるものの、結婚を後押しする上で重要となるのは、やはり雇用の質の向上や賃金の引き上げである。男女とも、結婚相手となるパートナーに求める要件として、経済力を重要視するようになっている。とりわけ女性の雇用という面では、男性のサポート業務や非正規雇用のような、いわゆるアンコンシャス・バイアスにもとづく女性向け雇用ではなく、女性の高度人材にとって魅力的な雇用であり、男性と同等の質と処遇をともなうものが求められている。もちろん、こうしたことは東京だけではなく、地方においてはいっそう意欲的な取り組みが必要となる。

大学の存在意義と学費の問題

日本において子どもを育てていく上で、経済的ハードルとして最も負担感が大きいものが大学の学費だろう。男女とも半数以上が大学に進学する現状、将来の学費負担を懸念して、子どもの数を抑えがちとなっている可能性もある。

北欧諸国のように学費無償化を実現するためには、児童手当同様、兆円単位の財源を要する。給付型奨学金の大幅拡充という方法も考えられるが、やはり財源の問題が立ちはだかり、どちらにしても早期の実現は極めて難しい。しかし、人口減少下で経済成長を生み出し、国を支えていく人材を社会に輩出する上で、高等教育の重要性は今後高まりこそすれ、低くなることは考えられない。

残念ながら日本においては、大学で学んだことが実社会で生かされていない現状から、大学の定員削減を求める声が少なくない。しかし、高等教育の成果が社会で生かされていないのは、大学のカリキュラムと、企業の新卒一括採用でジェネラリストを採用する姿勢、双方によるところが大きい。大学において社会が求める人材を育て、企業の生産性を向上させ、経済成長につなげていくことは、次世代をより豊かにする最短ルートのはずではないか。大学のカリキュラムの見直しや学科、学部の再編を通じて即戦力人材を輩出するとともに、企業の人材採用・育成戦略の再構築も必要となるだろう。

子育て支援政策に対する注目度が高まっているうちに、少なくとも大学の存在意義とともに学費負担のあり方をしっかりと議論していくべきではないだろうか。

子育て支援は企業の役割がいっそう重要に

「異次元の少子化対策」という言葉が先走りしてしまい、その後に打ち出されたさまざまな取り組みが、すべからく「しょぼい」とか「これのどこが少子化対策か」といった批判を浴びている。また、現金給付がいくらになるのかという話に関心が集まってしまい、少子化対策として有効と考えられる非正規雇用や男性育休の問題がなおざりとなれば、せっかく高まった少子化対策への関心が無に帰してしまう。

子育て支援においては、とりわけ企業の役割が今後いっそう重要となる。現状、賃上げのムードが高まってきているとはいえ、高インフレの状況下、実質賃金についてはまだまだ厳しい状況にある。賃金を引き上げ、雇用の安定を図るのは、基本的に企業の役割だ。企業経営者の意識改革やルールの見直しなど大きな財源を必要としない取り組みによっても、子育て世代に安心感を与えることが可能となるだろう。

同様に、国民意識の変化も重要だ。「子育ての社会化」を是認することはもとより、高齢者に偏った社会保障のあり方を見直すには、年配者も考え方を変えていかなければならない。

2023年の出生数は、コロナ禍以降の婚姻数の急減を背景に70万人台前半まで減少し、少子化のペースはさらに上がることが見込まれる。政府の取り組みにいちいちダメ出しをしている暇はないほど、日本の少子化は深刻な状況にあるという認識が必要だ。

少子化対策を政争の道具にすることなく、国には、「やれることはすべてやる」くらいの前向きな姿勢が求められている。同時に、企業、国民も、それぞれ次世代に対する自らの責任を自覚していかなければならない。次世代に豊かな社会をつないでいく責務を、すべての国民・主体が果たしていくことが必要なのである。

【注】

終－1　2005年の国民生活白書によれば、子育ての社会化とは、子育てが家族の責任だけで行われるのではなく、社会全体によって取り組むべきことであり、①友人、同僚、近隣住民など、社会全体で子育てに参加する、あるいはそれができる仕組みを構築していくこと、②子育て関連施策を総合的にとらえて拡充し、子育てにかかる個人の経済的な負担を軽減していくこと、などとされている

おわりに

少子化はなぜ「悪」なのか。人によって視点・論点が異なるのは当然だし、そもそも悪いことばかりではないと強がる人もいる。人口減少を前提に、社会のあるべき姿を模索する現実主義者も少なくない。考え方によって、とるべき対策にも差異が生じてくるのは当然だ。実際、本稿執筆中の2023年通常国会においては少子化が中心的な議題となっているが、議論百出で、それぞれの主張が交錯する状況にある。

筆者は、基本理念として、前世代よりも次世代のほうが、より豊かな暮らしを手に入れることができる社会であるべきだと考えている。そのため、先進国でありながら、結婚や出産を希望している若い世代が、自らの経済・雇用環境などの制約から、その望みをあきらめてしまっている現状こそが、少子化を解決しなければならない最大の理由だと確信している。発展途上の国や、戦争や災禍に見舞われてから立ち直れていない国ならいざ知らず、一時は世界一とさえいわれた経済力を持った国において、若い人たちの実質賃金が下がり続け、雇用が不安定化する状況が少子化の引き金になっている現状を、極めて不快に感じている。

したがって、とるべき対策も、基本的に結婚・出産を希望しながら、経済要因などによってそれらがかなわない人たちに寄り添ったものであるべきだと考えている。だからこそ、現金給付の重要性は否定しないものの、若い世代の経済・雇用環境の改善を最優先に考えるべきだと思うし、子どもを持っていない若者に恩恵の少ない現金給付一辺倒の少子化対策は否定的にみている。

人によっては、現金給付や住宅補助などの多子加算によって、生める人に生んでもらおうという意見もあるが、格差の拡大を後押ししているようで腑《ふ》に落ちない。現金給付額引き上げを優先し、増税や社会保険料の上乗せを急げば、経済環境などによって結婚や出産の希望がかなわない人たちの負担が増えることは避けられず、若い世代の出生意欲のさらなる低下を通じて、少子化を加速しかねないと考えている。

また、有償・無償の労働を合わせれば、世界で最も働いているとみられる日本の女性の負担を抑えるため、パートナーとの分担にとどまらず、「子育ての社会化」が必要である。子育ての社会化は、合計特殊出生率が1・26まで下がった2005年に出版された国民生活白書で、すでにその方向性が示されている。白書では、社会保障による再分配、友人や同僚、地域社会、企業など、社会全体のサポートが必要であることが示されている。

これらの認識にもかかわらず、近年、労働力としての女性の位置づけが高まる一方で、家庭内における家事・育児は依然として女性に偏っている状況はほとんど改善されていないため、女性の負担は以前にも増して大きなものとなっている。18年前の国民生活白書において課題として認識されていたことが、今も改善されるどころか、より深刻な社会の病巣、宿痾《しゅくあ》となってしまったとさえ感じられる。こうした状況を根本的に改善することなく、児童手当だけを増やしても、子どもの数が増えるとは考えにくい。

少子化のペースを緩やかにするためには、日本の社会が、経済、雇用、ジェンダーギャップ、子育てを支援する国民意識など、あらゆる面で変わっていくことが不可欠である。そして、少子化問題において変わるべきは、若い人ではなく、社会の枠組みの構築に力を持っている政治家などのリーダー層や企業経営者層、さらには子育て期を過ぎた多くの一般国民である。間もなく還暦を迎える筆者を含め、私たちが意識的に若い世代に寄り添った社会を形づくっていくことに力を注いでいくべきなのである。若い人たちが、より豊かで、より多くの選択肢に恵まれた社会となることが、人間社会の発展のあるべき姿であり、そうした社会を形づくることこそが、上の世代の務めにほかならない。

本書をまとめる上でさまざまなヒントや示唆をいただいた同僚をはじめ、社外の多くの方々、さらには、編集に多大なご協力をいただいた日経ＢＰの小谷雅俊さんに、この場を借りて御礼申し上げる。

藤波 匠 ふじなみ・たくみ

㈱日本総合研究所 調査部 上席主任研究員。1992年、東京農工大学農学研究科修士課程修了。同年、東芝入社。99年、さくら総合研究所入社。2001年、日本総合研究所調査部に移籍、山梨総合研究所出向を経て08年に復職。主として地方再生、人口問題の研究に従事。著書に『子供が消えゆく国』『人口減が地方を強くする』など。

日経プレミアシリーズ 495

なぜ少子化《しょうしか》は止《と》められないのか

二〇二三年五月八日 一刷

著者 藤波 匠
発行者 國分正哉
発行 株式会社日経ＢＰ
日本経済新聞出版
発売 株式会社日経ＢＰマーケティング
〒一〇五—八三〇八
東京都港区虎ノ門四—三—一二

装幀 ベターデイズ
組版 マーリンクレイン
印刷・製本 中央精版印刷株式会社

ISBN 978-4-296-11762-8 Printed in Japan

日経プレミアシリーズ423

子供が消えゆく国

藤波 匠

2019年、日本人の出生数が90万人を大きく割り込み、86万人に急減。本格的な人口減少時代に足を踏み入れたことを認識すべきだ。出生数の減少をできるだけ押しとどめ、人口減少による人手不足を逆手にとってチャンスに変える方策を、緻密なデータ分析と実地調査をもとに示す。

日経プレミアシリーズ360

「北の国から」で読む日本社会

藤波 匠

フジテレビで1981年から2002年にわたって放映され、国民的な人気ドラマとなった「北の国から」。ドラマの背景となっている日本社会の激動を、東京への人口移動、大量消費社会の台頭、農業の衰退、バブル崩壊、交通事情の変化、恋愛の変遷、受験戦争、ゴミ問題など象徴的な切り口から分析する。

日経プレミアシリーズ302

人口減が地方を強くする

藤波 匠

「人口の東京一極集中による地方の消滅」という発想に支配される地方活性化策。それは、若者を補助金頼みの地方定着へと誘い、人口バランスに大きなゆがみを生じさせます。たとえ人口が減っても、地方は豊かな暮らしの場となれるはず。人口減を受け入れることで見えてくる、地方再生の新たな道を示します。

日経プレミアシリーズ 494

「低学歴国」ニッポン

日本経済新聞社 編

大学教育が普及し、教育水準が高い。そんなニッポン像はもはや幻想？――いまや知的戦闘力で他先進国に後れをとる日本。優等生は育ってもとがった才能を育てられない学校教育、〝裕福な親〟が必要条件になる難関大入試、医学部に偏る理系人材、深刻化する教員不足など、教育現場のルポからわが国が抱える構造的な問題をあぶり出す。

日経プレミアシリーズ 493

あなたと日本の防衛を考えたい

日本経済新聞社 政治・外交グループ 編

緊迫する東アジア情勢に対処するには、何が足りないのか。無人機やサイバー攻撃といった「新たな戦争」、迫り来る危機を想定しているとはいい難い態勢や戦略を生み出した戦後77年の安全保障の実像、そして2022年に議論された国家安全保障戦略の改定によって示された方向性とは。防衛の課題と現状を読み解く。

日経プレミアシリーズ 497

中国人が日本を買う理由

中島 恵

高成長が曲がり角を迎え、コロナ禍以降は社会に息苦しさも感じる――。ここ数年、中国人が母国を見る目が変わりつつある。そして彼らは日本に目を向ける。食事、教育、文化、ビジネス、社会……。どんな魅力を感じるのか。豊富な取材により、多くの中国の人々の声から浮かび上がる、新しい日本論。

日経プレミアシリーズ 490

国費解剖

日本経済新聞社 編

9割が使途を追えないコロナ予備費、乱立する基金と塩漬けになる予算、コンサルに巨額を投じる委託事業……。財政悪化の一方で、膨張を続ける国家予算。その内実を紐解けば、莫大な政府の無駄遣いが明らかに。緻密な取材から国費のブラックボックスに迫り財政規律回復への道筋を探る大反響の日経連載を大幅加筆のうえ新書化。

日経プレミアシリーズ 478

デジタル空間とどう向き合うか

鳥海不二夫・山本龍彦

見たい情報しか見なくなる。自己決定のつもりが他者決定に。「分断」や「極化」が加速——。インターネットは利便性を高める一方で、知らず知らずのうちに私たちの「健康」を蝕んでいる。計算社会科学者と憲法学者が、デジタル空間に潜むさまざまな問題点を指摘、解決への糸口を探る。

日経プレミアシリーズ 496

半導体超進化論

黒田忠広

1988年に50％あった日本企業の世界シェアが今では10％。この30年間に世界の半導体は年率5％超の成長を遂げたが、日本はまったく成長できなかった。日本は何をすべきか。日本の半導体戦略をリードするキーパーソンが、新しい半導体の世界と対応策を活写。

バランスのとれた「投資」で資産をふやす

日経ビジネス編　473ページ

何度でもよみがえる会社

日経ビジネス編　458ページ

日本人の賃金は安すぎる

日本経済新聞社編　483ページ